図解 ビジネス版 悪魔の辞典

ビジネス用語の黒い真実

山田英夫

東洋経済新報社

はじめに
Introduction

『ビジネス版 悪魔の辞典』の初版を書いたのは、1998年のことでした。当時は、本家アンブローズ・ビアスの『悪魔の辞典』以外に悪魔シリーズは出版されておらず、声をお掛けした複数の出版社からは、「正しい意味を書いた上で、ブラックな解説をするのであれば、**無限の可能性**がある（本書38頁）」とやんわり断られました。

　しかし私が書きたいのは、ビジネスの現場で使われている"悪魔的な意味"であり、わざわざ教科書的な意味を書くのは、意に反すると考え、**ニッチもサッチも**（本書100頁）いきませんでした。

　そんな中、たった一人反応して戴いたのが、リクルート（旧メディアファクトリー）の長薗安浩編集長でした。彼には、『ビジネス版 悪魔の辞典』のコンセプトに全面的に賛同戴き、初めてお会いした時から**正直ベース**（本書86頁）でお話しすることができました。対面でお会いしたのはその1回でしたが、あとは全てメールのやり取りで完成させました。長薗さんという"天使"のお陰で、**戦略的撤退**（本書128頁）することなく『悪魔の辞典』は日の目を見たのです。

　こうして**ローンチ**（本書99頁・類義語）した『ビジネス版 悪魔の辞典』ですが、幸いにも版を重ねることができ、後に日本経済新聞社から、リニューアル版を上梓することができ、文庫から新書へと改訂を重ねました。

もし過去の全ての版をお持ちの方がおられれば、それは、昭和、平成、令和という時代の流れを考証する貴重な資料になるか、ブックオフとヤフオク！とメルカリで**アイミツ**（本書134頁）をとっても値がつかないため、本棚で余計なスペースを占有している資源ゴミになるか、どちらかかもしれません。

　そして今回、３度目の出版社として、東洋経済新報社から、「**ジャストアイデア**（本書76頁）ですが、ビジュアルを増やした図鑑として皆様にお届けしませんか？」とお声がけ戴きました。

　お互い**ブレスト**（本書77頁・類義語）も交えながら、本書の制作がスタートしました。**キックオフ**（本書154頁）してみると、若いビジネスパーソンが理解できない言葉は、私が面白いと思っても、担当編集者Sさんに**総合的に判断**（本書129頁・類義語）され、次々とボツにされました。"やさしい悪魔"の希望を叶えようと、何度も推敲を続けていく中、つい熱が入りすぎ、何度も体温計で熱を測った記憶があります。

　このような苦労の末、できたのが本書です。もし本書を読んで、面白いと感じて戴ければ、それは私と編集者Sさんとの**シナジー**（本書96頁）の賜物、もしつまらないと感じたら、それは**私の不徳の致す所**（本書149頁・類義語）です。

　2025年３月

山田英夫

CONT

目次

Introduction
はじめに 2

Business Framework
ビジネスフレームワーク 7

Organizational Behavior
人事・組織 27

Negotiation
ネゴシエーション 73

Strategy
ストラテジー 89

ENTS

Marketing
マーケティング 133

Accounting & Finance
アカウンティング・ファイナンス 159

Afterword
おわりに 176

Index
索引 178

※本書に記載されている会社名および商品名は、各社の商標または登録商標です。

写真：iStock

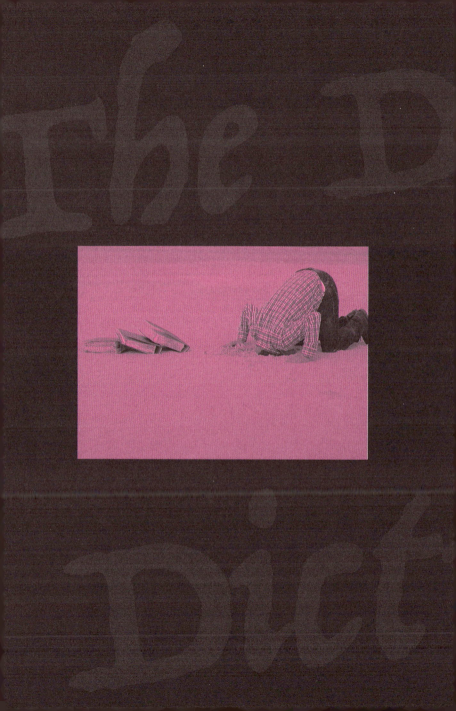

Business Framework

ビジネスフレームワーク

SWOT

> 意味 戦略を立ててから、後付けで
> S、W、O、Tを埋める分析。

「分析は、完璧だった…!」

戦略論のテキストには、自社の強みと弱み、市場や競合の機会と脅威の４つを分析すると、経営戦略が立案できると書かれています。しかし、これは正しくありません。

　実際には、新規事業でやりたいことがあって、それを上司に承認してもらうために、後付けでSWOT分析のマトリックスを作成していませんか？

　上司も若いころ同じことをしていましたから、バレバレなのですけど、熱意を感じて承認しているのが現実です。プレゼンの時は、もちろんテキスト通りに進めます。

【 類義語・対義語 】

- ▶【類】ビジネス・フレームワーク　①しょせん、ナイフとフォークなのに、振り回す人がいて危険なツール。PEST、3C、SWOT、4P、7Sなどのナイフがある。②暗記していても、使えない人が多い。
- ▶【類】マトリックス　単純化が得意な米国人。単純化すると不安になる日本人。映像で驚いた人も多数いる。
- ▶【類】SWAT　米国の特別狙撃隊。

アジャイル

意味 〉 朝令暮改。

「やっぱ解体やめるわ」
と言われる5秒前。

あなたの上司でこんなことを言う人、いませんか？
「この案件は重要なので、なるべくアジャイルで進めよう」

外資系コンサルが「迅速に」という意味で使っているので、気取って言っているなら、心の中でクスクス笑っていればいいですが、本当の意味を知ると、とっても怖い言葉なんです。

本来は、研究開発の部署などで、時間がかかる工程をいかに短くするかを考える時に使う言葉です。「アジャイル営業」や「アジャイルマーケティング」って聞いたことがない。だって、営業は時間を短縮すれば売れる世界じゃないですからね。

ビジネスの現場で実際には、行き当たりばったりの上司が、指示をコロコロ変えることを正当化する言い訳に使っています。

【 類義語・対義語 】

- ▶【類】朝令暮改　信用されていない上司がやると、部下は一斉に離反するが、皆から信頼されている上司がやると、「さすが柔軟性がある」となる。
- ▶【類】垂直立ち上げ　事業は斜めに立ち上がるのが常。
- ▶【類】是々非々　（一貫したポリシーがないので）その都度決める。

霞が関

> 意味　地名だと思っていると、致命傷を負いますよ。

「ここがエロマンガ島ね…♥」

ビジネスパーソンが地名を言う時って、2種類あります。1つは本当に地名を伝えたい時、もう1つは、名指しするのははばかられる時です。

霞が関は中央官庁が集まる街なので、銀行や証券会社の人なら、財務省や金融庁。メーカーの人なら経産省。鉄道や航空会社の人なら国土交通省を指します。業種によって異なりますが、「霞が関」で通じます。

永田町と聞いて、多くの方は政治をイメージするでしょう。文藝春秋を思い浮かべる人は出版業界の人か、文春砲に撃たれた人でしょうか。では、本石町といえば…？　東洋経済新報社、ではなく日銀です。

東京以外でも同じです。道修町って、大阪人にとっては製薬会社の本社が集まっているところ。北浜は、大阪取引所がある株の街です。東京で言う兜町です。

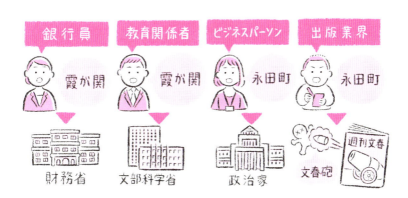

【 類義語・対義語 】

- ▶【類】**永田町**（政界）、**桜田門**（警察）、**市谷**（防衛省）、**兜町**（東京証券取引所）、**道修町**（医薬品）、**北浜**（大阪取引所）。
- ▶【類】**新橋**　テレビ取材が入ると、なぜかビジネスパーソンが集まってくる街。背景には、お決まりの蒸気機関車。大阪では、酔っ払いは天神橋筋、昼の取材は大阪駅。
- ▶【類】**渋谷**　スクランブル交差点を渡るために、無料で招集されるエキストラの街。雨が降ると、ほぼ確実に動員される。

MECE

> 意味 「網羅的かつ排他的」ではなく、「モレなく、ダブりなく」と訳した訳者が、まさにMECE。

**理想の条件を
MECEに入れたら、
妻とマッチした人**

MECEは、外資系コンサルが課題解決のために提唱し流行らせたものです。

最近では、大学のキャンパスでもよく聞く言葉です。学生に尋ねてみると、外資系コンサルのインターンシップで覚えてくるそうです。ビジネスパーソンだけでなく、大学生もコンサルかぶれが増殖しているわけです。

例えば、大学生をMECEに分けるとどうなるでしょうか？ 簡単な方法は2つに分ける方法です。

「未成年の学生、成人の学生」

モレもダブリもないからMECEですね。ただ、分けても役に立ちそうにありません。コンサルの人は、もっと使える分類にこだわります。

「体育会の学生、ゲーム好きの学生、オタクの学生、起業家の学生」

これはモレまくり、ダブリまくりです。第1に、学生の本業である「学ぶことが好きな学生」が入っていません。ダブリで言えば、体育会の学生だってゲーム好きはいます。

ちなみにコンサルタントが提言する時は、3つに整理することが多いです。「このプランを推す理由は、次の3つです」と、プレゼンを始めて、その3つの理由がMECEだと、なんとなくすごいプランだと聞きほれてしまいます。

【 類義語・対義語 】

- ▶【類】ロジック・ツリー 「だいたい、MECE」というロジカルな分解方法。
- ▶【類】おおむね 鉄道の運行状況の時だけに使われる「大体」。
- ▶【類】ディシジョン・ツリー ゆっくり計画を立てられる時のみ描かれる意思決定の分岐路。確率まで考えられるのは、かなり余裕のある時のみ。

PDCA

意味 > Plan（計画）→ Delay（遅延）→ Cancel（中止）→ Apologize（謝罪）

「部長への土下座は、こう!!」

ビジネスの現場では、よく出てくる言葉です。

サイクルですから、高速に回すことで、問題を解決しながら、当初の計画を成功させることが求められます。速く回すことを求められる点は、ネズミの回し車と同じです。

この言葉には、悪魔的な使い道があります。部下を指導する時に使うと、できる上司っぽい言い方になります。

「計画を実行して結果が出ないなら、問題点を検証して改善策を早く出してくれ。PDCAは速く回さなきゃだめだよ」

ちょっとカッコいいですね。

ただし、「責任は全て自分がとる」と言って実行させる上司はごく少数です。責任を負うのは自分だと言いながら、人事的にも、慎重になるのが上司です。

PDCA本が多い理由は、現場で回すことができないのに、上司から回せ回せと怒られるからなんでしょうね。ダイエット本と同じです。

【 類義語・対義語 】

▶【類】Plan‐Do‐See　PDCAとの違いを考える暇があったら、まずやってみたら。

イシュー

> **意味** ① 使う人によって定義が全く違う言葉。
> ② 変な臭いがする。

ドリアン「本日の議題は、オレが臭いか臭くないか、だ。じゃあよろしく」

ベストセラー『イシューからはじめよ』で、ビジネスパーソンに広がった言葉です。いま取り組むべき課題を設定するという意味です。

ビジネスパーソンなら日々感じていると思いますが、ビジネスの現場って、実際には取り組む必要がないものだらけです。言い換えれば、優先順位が大切だという話です。

会議でも、「今日の会議で、洗い出すべきイシューは？」なんて、上から目線で言うリーダーが、あなたの周りにいませんか？

聞いている部下のほうは、「今日の議題と何が違うんだ」などと内心思っているのではないでしょうか。

ただ、使い方によっては、課題がわかっていない上司への最強の武器になります。「いま、イシューを洗い出しています」と言えば、なんとなく上司を煙に巻けます。

洗い出した後は、異臭はだいたい消えています。

【 類義語・対義語 】

▶【類】意趣返し　半沢直樹の倍返し。

ロジカル・シンキング

> 意味　他者の発言の揚げ足をとることが上手くなる手法。

「論破論破言ってないで、早く大人になりなちゃい」

この言葉も、コンサルがよく使うので、ビジネスの世界で大流行りしています。大学生も、インターンシップで学んでくるのか、知っている学生が多いです。

たしかに、誰もが納得するように論理的に判断する思考は、大切になります。ただ、論理的に考えることだけにフォーカスしてしまうと、また違う問題が生じます。実際、コンサルかぶれの社員は、他人の発言の揚げ足をとることが上手くなるスキルとして使っているのではないでしょうか。

ロジカル・シンキングは、アメリカでは小学校で習うことなので、社会に出るまでに身についているのですが、日本ではそうしたカリキュラムがなく、大人になって自分がロジカルでないと気づく人が多いのです。大学でも論理学などは、履修を避ける人が多い科目と言われてきました。

険悪な雰囲気になる「ロジカル・シンキング」

上司	「例の件の資料だけど、 霞が関用と本石町用と永田町用に 分けて作っておいて」
部下	「何のために3つも作るのですか？ For whatが明確でないと…」
上司	「今説明している時間がないので、 早く取り掛かって」
部下	「また3つの分け方が、MECEではないですよね？ 分類の基準は何ですか？」
上司	「……。」

【 類義語・対義語 】

▶【類】**クリティカル・シンキング**　米国では小学校で習うことを、日本では大学院（ビジネススクール）で習う。

ブラッシュアップ

意味 ▷ パワポのフォントや色を少し直すこと。

「ソンナコトニ、3ジカンモ…?」

プレゼン資料を「ブラッシュアップしてこい」と、リーダーからダメ出しを食らって、戻される時に使われます。「作り直し」と言うよりも、ソフトな言い方ですが、具体的な修正指示ではないので、部下は何が悪いのか、どこをどう直せばいいのか分からず、悩んでしまう人が多いかも。

こういう時、リーダーの好みのフォントや色を使うと、すんなりOKが出ることもあります。見た目をよくするだけで、しっかり修正したように見えるのです。内容を変えたくない時にも使えます。

『人は見た目が9割』という本がベストセラーになりましたが、資料も同じです。いくら内容がよくても、見た目がよくなければ、見る気もおきずに、「ブラッシュアップ」してこいと言われてしまうでしょう。

カタカナ用語を多用する業界で、よく使われています。逆に、お堅い役所やJRなどでは使われません。

ちなみに、ブラッシュアップって和製英語なんです。英語では「リファイン」と言います。

【 類義語・対義語 】

▶【類】ブラッシュアップライフ　人生「2周目」「3周目」がポピュラーに。

プランB

> 意味 〉当初から予定していた計画。

「あのふたり、
お互い、プランBだって」

この言葉は、先ほどのブラッシュアップと違い、小手先の変更ではダメな、設備投資が大きい業界や期間が長いプロジェクトで使われます。

例えば、プラント会社が、どこに油田発掘の穴を掘るかや、どの国に進出するかなどは、ちょっとやってみてダメだから変更しようとしても難しいです。企画段階で、本命のプロジェクト（プランＡ）の代替案（プランＢ）を練っておくことです。

ゼネコンや医薬品会社でも、プランＢはよく作られています。

金融業界では「コンチプラン」と呼ばれることが多いです。コンティンジェンシープランの略です。「コンチ」と言うので、キツネにつままれた人もいたとか。

悪用厳禁！ プランＢの使いこなし方

部下　　「このプランＡですが、
　　　　　資料にあるように推したい理由は次の３つです」

リーダー「理由がＭＥＣＥじゃないし、
　　　　　顧客分析がイマイチだね」

部下　　「では、代替案なのですが、
　　　　　プランＢの資料を見てください」

リーダー「おっ、なかなかいいかもしれないね」

解説　プレゼンする時に、２案を提示して、自分が通したい企画をあえてプランＢにしましょう。プランＡは当て馬です。部下の意見やアイデアに批判的なひねくれた性格のリーダーには、効果テキメンです。

【 類義語・対義語 】

▶【類】代替案　①おおむね大体案であることが多い。②「だいがえあん」と読む先輩にはついて行ってはいけない。

▶【類】コンティンジェンシープラン　プランＢよりも不測の事態、切迫感あり。為替変動や天災など、自社でコントロールできない要因の時に使われる。

25

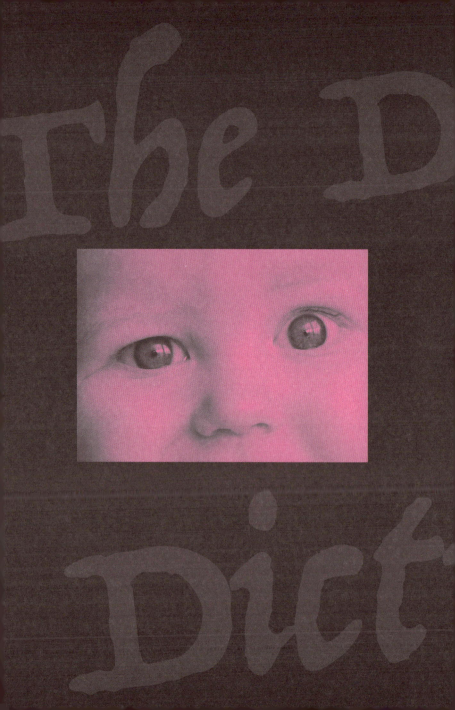

Organizational Behavior

人事・組織

アサイン

> **意味** 部下に仕事を なすりつけること。

ゾウ 「夢を叶えろって
　　　言われてもさ…」
キリン「人間って無茶言うよな…
　　　俺なんてビールだぞ」

「あの案件にアサインしておいたからよろしくね」のような使い方をします。「プロジェクトのメンバーに入ってもらう」という意味です。

日本語で言うと「任命する」ですが、プロジェクトごとにメンバーを入れ替えるような会社で使う言葉です。

伸び縮みするような1000人体制のプロジェクトで、終わりが近づいてくると、メンバーを減らして100人体制になったりします。この時、アサインの逆の言葉を「リリース」と言います。クビとは言いません。

外資系コンサルのような UP or OUT の会社だったら、アサインされなかったらアウトですから、アサインの有無は死活問題です。

逆に、終身雇用と年功序列が約束されている会社では、アサインされたくない社員もいます。評価も給与も変わらないなら、仕事は増やしたくない人もいます。

だから、そのような部下に仕事をやらせるには、「アサインしといたからね」ってカタカナで伝えるといいかもしれません。

【 類義語・対義語 】

▶【対】リリース 「外す」と言うと語弊があるので。

朱肉

> 意味：贅肉の1つであるが、なかなかなくせない。

女「この口紅の跡なに？」
男「朱肉だよ」

昨今、脱ハンコの動きが増えています。それでもやはりハンコを押さないとダメな会社があります。シャチハタもダメ。ちゃんと朱肉を使って押さないと認めてくれません。

　稟議書や申請者から承認者まで、何人もの承認印が必要な場合、まっすぐに捺印したらダメなんです。特に古い会社では、部長、課長、係長、平社員と、肩書が下がるほどに深くおじぎしているように押すのです。稟議に反対する人は、逆さに捺印するという都市伝説もあります。

　実印が必要な書類には、日本に住んでいる外国人も、サインではダメで、捺印しなければいけないそうです。しかし、代理で押せるので、サインより信憑性が問われますね。

　類義語に書きましたが、押印と捺印の違いって分かりますか。捺印は、署名捺印の略語で、自筆署名に加えて印鑑を押す行為のことで、押印は、記名押印の略語で、自筆以外の方法で名前が記されている書面に印鑑を押す行為のことです。この違いをチクチク指摘するオジサンは、絶滅危惧種だと思って、相手にするのはやめましょう。

　脱ハンコと叫びながら、贅肉のようになかなかなくせない。それが、ハンコと朱肉です。

【 類義語・対義語 】

▶【類】朱を入れる　紙だと簡単。ワードだと吹き出してしまう。
▶【類】印鑑　代理で押せるので、サインより信憑性がない。
▶【類】押印・捺印　「この２つは違う」と叫ぶオジサンは、絶滅危惧種。

メンター

意味 > たまにランチをおごってくれる先輩。
ハズレは、先輩気取りのストレッサー。

先輩「覚えておきなさい、
　　　ヒョットコの口はこっちよ!」
後輩「そうっすか…」

メンター（mentor）は、会社のOJTの一環として、新入社員教育に導入されている制度です。最近は、早々に辞めてしまう若者が多いので、導入する企業が増えています。

　ほぼ同じ意味ですが、チューターはチュートリアルに由来する言葉のため、より教える的な感じがあります。メンターは、私生活も含めて、キャリア全体を見据えて、アドバイスする感じがあります。

　メンターは、ギリシャの老賢人「メントール」が語源です。オデュッセウス王の息子テレマコスに対して、次の王にふさわしい人間となる教育を施したと言われています。入社数年の若手社員が、老賢人の役割を任されるのですから、大変です。ちなみに、教わる側の新入社員は「メンティー（mentee）」といいます。

　メンターが憧れの先輩だといいのですが、最悪な先輩だと、新入社員が早々に辞めるきっかけになります。悪気がなくても、マイクロマネジメントして、事細かに指示するパワハラ気質の人もいます。さらに、プライベートなことも上手に線引きできないセクハラ気質の人だと、最悪です。

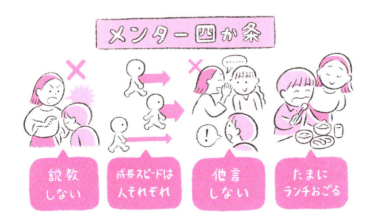

【類義語・対義語】

▶【類】「一度言ったよね」　メンター資質に欠ける人がよく使う言葉。

▶【古】「ちょっと飲みに行こう」　コロナ禍以前のメンターの役割。

▶【類】メントール（menthol）　ミント類のハーブに含まれる香りの成分。

ワン・オン・ワン ミーティング

意味 現代風の個人面談。

ニャン・オン・ワン ミーティング

ワン・オン・ワンを巡って、困っている人がいます。上司は、面談でどのように聞けば、部下の本音を聞き出せるのかわからない。部下は、どのように答えれば正解なのかと構えてしまう。これでは「形式的にやっていますよ」とポーズをとっているだけだと悩む管理職もいるようです。

　机を挟んで相対して話し合う場面は、就活なら面接官と就活生、刑事ドラマなら刑事と容疑者──、2人の騙し合いの構図が多いです。

　ある管理職の話です。ワン・オン・ワンを実施しても、皆、形式的なことしか話さない。そこで「私は皆さんのサンドバッグになるから、悪口でも何でも言って」と宣言したところ、皆が皆の悪口を言いまくったそうです。愚痴を聞くサンドバッグ状態でヘトヘトになっても、ただ聞くことに徹したら、職場の雰囲気が良くなったとのことでした。

【 類義語・対義語 】

- ▶【類】ワン×× ××に社名が入る。合併のシナジー実現は、これからです。
- ▶【類】ワン・ツー・スリー エクセルに駆逐された表計算ソフト。
- ▶【類】ワン・ツー 壁パス、ジャブ・ストレート。

昇格

意味
① 基本給の微増と引き換えに、膨大な業務と責任を背負うSMプレイ。
② 昇進と違って、名刺を刷り直すとは限らない。

「ぶ、部長…!」

今どきの若者は出世を望んでいない、といった報道をよく見かけますが、書店のビジネスコーナーには、『管理職1年目の教科書』など管理職向けの本がたくさんあります。一方、『リーダーの仮面』のような本がベストセラーになっているのを見ると、プロジェクトをまとめるリーダーにはなりたい若者は多そうです。

また、昇進と昇格は、似ていますが違います。昇進は、例えば課長が部長になるなど、肩書が変わるので、名刺が変わります。昇格は、等級が上がることで、給料は上がりますが、名刺には刷ることはしません。

若者たちから見ると、昇進を断ればよかったと1年前の自分を懐かしがっている管理職が正常で、嬉々としている管理職は、やっぱりSM好きのマゾヒストにしか見えないのかもしれません。

管理職になると得られるもの・失うもの

管理職になると得られるもの	管理職になると失うもの
わずかばかりの管理職手当	残業代
ゴールドカードに通りやすい	
住宅ローン審査に通りやすい	社宅から出なくてはならない
わずかばかりの昇給	部下と割り勘しにくくなる
古い会社だと、役職で呼ばれる	
名刺に重みが出る	
締めの言葉を求められる	飲み会の会費は多めに払う
時間管理から外れる	部下より先に帰りにくくなる
部下の勤務評定ができる	好き嫌いを表に出しにくくなる
組合費を払わなくて済む	組合が守ってくれなくなる

【 類義語・対義語 】

▶【類】昇進　①名刺を刷り直すために必要な儀式。②家族で乾杯することもある。

▶【類】リーダーの仮面　それまで「仮面」を被らなくても働けていた幸せな人が、昇進にあたってようやく身につける仮面。

無限の可能性

> **意味** 限りなく今がゼロに近い人を激励する言葉。

「私、プリマを目指すわ！」

現状では全く成果を上げていない部下を励ます時に使う言葉。言われたほうは、何となく期待されていると幻想を抱きます。

　この言葉は上司が若手に対して言う言葉です。上司に向かって言ってはいけません。さすがに、上司に向かって、「のびしろありますね」と言う強者はいないです。

　また、部下は上司の言葉の裏にある意味を考えることも大事です。お茶付きならなおさらです。嫌な仕事を押し付けようとしている可能性があります。耳ざわりのいい甘い言葉を囁くのが上司です。気をつけてください。

警戒ワードの真意

警戒ワード	真意
のびしろがある	現時点では何もできないが
最近は土日とか働いちゃダメだから	サービス残業をしろ
勉強になるからやってごらん	とても面倒な仕事です
前向きに検討します	もう考えません
（「あの件って〜」と言われた後の）すぐやります	忘れてた
君のためを思って	君の成長より私の成績
必ず戻すから	私には人事権はありません
無理を承知の上で	「無理です」なんて言わせない
今回だけ	次回もあると思うが
たってのお願い	単なる枕詞
会社（部）を救えるのは君しかいない	説得相手が1人でいる時だけ使う

【 類義語・対義語 】

▶【類】のびしろ　これを言われている間は、若い証拠。上司に向かって言ってはいけない。

▶【類】のりしろ　糊をつける所。

代表電話

> **意味**
> ① 面倒な用件が入ってくること用電話。
> ② 唯一、電話交換手が生き残っている所も。

客「お前じゃ話にならん。上司を出せ!」

オペレーター「上司モードに切り替えます」

何か問題が起きた時に、電話をかける番号です。

ほとんどが面倒な用件が入ってくる番号です。電話ではなくネットでお問い合わせフォームを活用する会社も増えています。

顧客としては0120のフリーダイヤルならいいのですが、最近よく見かけるようになったのは、0570から始まるナビダイヤルです。この通話料金は顧客が負担します。しかも、会社につながった瞬間から課金されます。ぐるぐるループの時間も課金されます。

こんなふうになってしまったのも、面倒な用件を無理強いしてくるカスハラが多くなったからかもしれません。自分の会社にかかってくるのは嫌なのに、自分が顧客の立場でかける時は、そんなことを忘れて強気になるのですから、人間って面白いです。

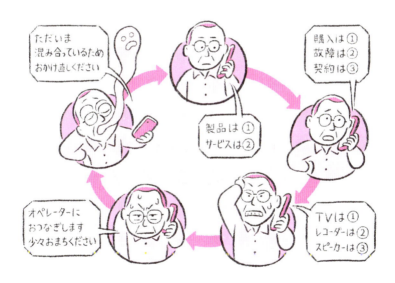

【類義語・対義語】

- ▶【類】**直通電話** 携帯電話に移行中。「つながらない権利」は未到達。
- ▶【類】**スマホ** 落としただけで映画になったが、最近は、自転車で見ただけで罰金になるケースも。
- ▶【類】**内線電話** 電話交換手は、口が堅いことが条件だった。

リスキリング

意味 > ① 会社が窓際社員を放出する前工程。
② これまで学んでこなかった人のためのやり直し教育。

「なんのスキルもないのに、
なんで"リ"スキリング
なんですか〜www？」

リスキリングとは、簡単に言うと「学び直し」です。DXやAIなど新しい技術に対応するために、スキルや知識を習得させる企業の人材育成の取り組みです。

　会社にとっては、Wordで企画書をつくるのがやっとの中高年をデジタル人材に育てるよりも、どんどん知識を吸収するデジタルネイティブの若者やデジタル人材を採用するほうが、コスパもタイパもいいことは、皆が知っています。

　そのため、会社が窓際社員を放出するための前工程にも、リスキリングは利用されています。危機感を煽ってリスキリングプログラムに参加させ、DXやAIに対応できるスキルが身につかなければ、退職を勧告するかもしれません。リスキリングというよりも、事実上キリングです。

【 類義語・対義語 】

- ▶【類】**社会人大学院**　学歴ロンダリング希望者に狙われる学校。
- ▶【類】**夜間 MBA**　転換社債。上手くいけば転職。失敗しても現状。
- ▶【類】**教育訓練給付制度**　転職するために、国が払ってくれる仕度金。

リテラシー

| 意味 | 持つ者が持たざる者を攻撃する武器。 |

「新聞で正しい情報は
日付だけだよ…って、ふふ、
失礼、常識でしたよね…」

本来の意味は、特定分野における能力のことを指しています。識字能力とか、読み書きそろばんのような能力です。

　中立的な言葉のように見えますが、実は、リテラシーがない人に対して、見下すような文脈で使われることが多い、鋭利な刃物のような言葉です。例えば、「彼らはリテラシーがないからね」とか、「顧客のリテラシーが低いからこういう商品でも売れてしまう」というような、上から目線の使われ方をします。

　横並び関係の時には使わない言葉です。そのような意味では、「マナー」も同じような使われ方をしています。「マナーを守って」というフレーズも、マナーを熟知している人が、マナーを身につけていない人に対して使う言葉です。

【 類義語・対義語 】

- ▶【類】ケイパビリティ　組織が能力を持つようになったこと。
- ▶【類】IT リテラシー　画面が真っ黒になった時に、頭が真っ白にならない能力。
- ▶【類】金融リテラシー　知らないとリアルに損するもの。

ワークライフバランス

| 意味 | そもそも仕事は人生の一部分だったはずなのに、何でバランスをとる対等の関係なんだ？ |

☞ **理想**

現実 ☞

50～60歳代の大人が、まだ若手と言われていた時代、「会社が家」のような働き方をしている輩がゴロゴロいました。「24時間戦えますか」という時代を経て、それはおかしいと言い出した世代、まともになってきた世代が提示したのが、ワークライフバランスという言葉です。

　令和に社会人となった人は、この言葉を聞くと、「社会が私生活にまで踏み込んできたという感覚がある」と言っていました。

　実は「バランス」と言っている時は、まだ過渡期だということです。本来、ワークとライフは並列してどちらかしか選べないものではなくて、包摂関係にあります。すなわち、ライフの一部としてワークはあるべきです。そのため、両者は必ずしもバランスをとるものではないのです。

人事・組織

【 類義語・対義語 】

▶【類】ノー残業デー　日本では週に１回、フィンランドでは、ほぼ毎日。

逆鱗に触れる

意味 > とらやの羊羹の出番。

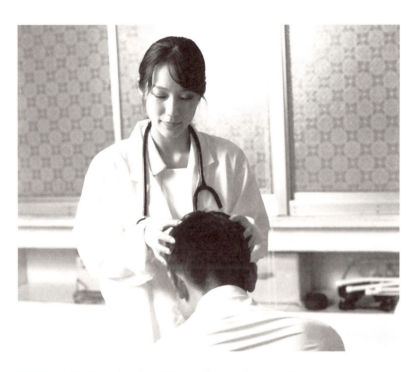

医師「かなり禿げてますね」
患者「先生、かなり化けてますね」

カジュアルな表現だと、「地雷を踏む」という言葉も、似たような状況を表します。厳密に区分されているわけではありませんが、同じ組織の中で、上下関係なく、誰かの気分を大いに害したり、怒らせたりした時に、「地雷を踏む」は使われることが多そうです。一方、「逆鱗に触れる」は、偉い人を大層怒らせた時に使われているのをよく耳にします。

また、「逆鱗に触れる」は、大抵、後日談として失敗を語る際に、誇張表現として使われます。例えば、「取引先の○○自動車の幹部の逆鱗に触れてしまって、出禁になっちゃったんだ」のような感じです。「ちょっと！今、あなた逆鱗に触れていますよ！」とは、言いません。

あえて逆鱗に触れにいく時にも、逆鱗という言葉は使いません。煽るとか、火中の栗を拾うとか、専用の言葉があります。

【 類義語・対義語 】

- ▶【類】地雷を踏む　社内に仕掛けられた左遷へのスイッチ。
- ▶【対】琴線に触れる　感動したら、心にとどめよう。金銭に触れたら、手を洗おう。
- ▶【類】折に触れる　文脈に関係なく、しつこく言及する。
- ▶【類】法に触れる　一般人は逮捕。政治家は選挙に通れば免罪？
- ▶【類】肩に触れる　①セクハラ。②怖いおにいさんと会話するきっかけ。

公務員

意味
① 転職予備校。薄給ももらえる。
②「キャリア」が、民間企業よりも気になる。

「政治家への土下座はこう!!」

税金から給料が払われていることをもって、不景気時には広く国民のサンドバッグになることもあります。安定と言われる一方で、公立学校の教員が長時間労働を強いられている報道が世間を賑わせています。公務員の勤務実態は、周りから窺い知ることができないブラックボックスのようです。

国家公務員であれば、キャリアとノンキャリアでは、入り口が違うので、ノンキャリアで入ると、どれだけ仕事ができても昇進の仕方はキャリアとは異なってしまいます。一方、キャリアで入っても、給料に見合わない過酷な長時間労働が待っていることもあります。

霞が関を30歳ぐらいで辞めたいという供給サイドの事情と、ある程度社会人経験のある優秀な人材を求めたい民間企業による需要が噛み合うことで、公務員を取り巻く転職市場も活況なようです。

あなたの周りにいるかもしれない公務員たち

公務員：パブリック・サーバント

幸務員：自分と家族の幸せが第一な公務員

功務員：実績を上げ、出世することにやっきな公務員

考務員：悩みながらも上長に従う公務員

校務員：働かせ放題と揶揄されている公務員

鋼務員：何を言われても、規則ですと答える公務員

後務員：明日できることは今日やらない公務員

耕務員：有休をとって、繁忙期に畑で収穫する公務員

【 類義語・対義語 】

▶【類】コンフォート・ゾーン　真冬のコタツ。

フレックスタイム

意味
① 会社の残業代削減対策。
② 飲んだ翌日に愛用される制度。

「いいか、飲み会の翌日こそ、
定時に来るんだ。
そうすれば信頼される」
「社長、その恰好は…?」

フレックスタイムで働いている従業員は、平日遅くまで飲んでも安心です。特別な予定を入れていなければ、翌朝の始業時間をズラせば良いわけですから。また、多くのフレックス制の会社では、コアタイムが設定されています。コアタイム以外は自由に働く時間を選べると言われていますが、コアタイムが短いために、重要な会議がコアタイム外で行われることもあるようです。やはり、会社員には制限付きの自由しか与えられないのかもしれません。

また、裁量労働制とは異なるスーパーフレックスタイム制という働き方も最近現れています。裁量労働制は、会社による従業員働かせ放題プランですが、スーパーフレックスであれば残業代が出ます。

『ロマンスの神様』から想像される フレックスタイム制度のある会社員の生活

週休2日・フレックス

▼

飲み会で友達の友達（サングラスがよく似合う）と意気投合する

▼

友情より愛情で幸せを獲得

▼

よく当たる星占いもチェック

▼

ロマンスの神様に感謝

【 類義語・対義語 】

- ▶【類】**コアタイム**　全員が揃っているだけで安心する管理職のために設定された時間。
- ▶【類】**裁量労働制**　サボりがちな人にとっては、最良労働制。
- ▶【類】**午前休・午後休**　休暇の分割払い。
- ▶【類】**短時間勤務（時短勤務）**　生産性向上の OJT。

リファラル採用

> 意味 胸を張って言える縁故採用。

社長の息子が面接にきた

個人的な繋がりを使って人材採用をすることを縁故採用と言います。縁故という言葉には、必ずしも悪い意味が含まれているわけではありませんが、一般に縁故入社というと、正面から採用試験を受けても入社できないような人がコネを使って裏口から入ってきた、というネガティブな意味合いで使われることが多いです。そこで、ポジティブに見えるように、リファラル採用という言葉ができました。

　アルムナイ採用も似ています。こちらは一旦辞めた人が出戻りする時に使う言葉です。

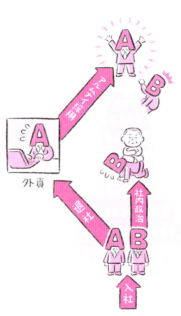

　大企業ですごい速さで昇進したいなら、アルムナイ採用を利用するのも手です。社内政治などに時間を使っているなら、外で力をつけて結果を出した上で、アルムナイのコネクションを使って出戻れば、先輩を10人20人飛び越えていける。新しいキャリアの作り方です。

　新卒から大手企業で4〜5年働いたら、30歳前には外資に転職して、30代後半で戻ってくる。そして、40代でまた外に出て力をつけて帰ってくる。新しい形の黄金のキャリアです。

【類義語・対義語】

- ▶【類】**出戻り採用**　優秀な人だと、批判されない。
- ▶【類】**BYOD（Bring Your Own Device）**　私物を無理矢理使わせるのに、批判されない。
- ▶【類】**直行、直訪**　寝坊しても、批判されない。
- ▶【類】**ジョブ型採用**　メンバーシップ型採用は『社債』、ジョブ型は『FX』。

在宅勤務

> 意味

① 昼寝ができると話題の福利厚生。
② 在宅を守りたい労働者と、出社させたい経営者の綱引き。
③ 嫌なヤツと顔を合わせないで済み、ストレスが減る勤務体系。

☞ **理想**

現実 ☞

制服を着用する規程のない会社の従業員でも、在宅勤務時には「制服」のようにジャージを着用しています。

　在宅勤務が始まって、社会全体がおっかなびっくりオンラインミーティングに切り替え始めた頃、上半身はワイシャツとジャケットだけど、下半身はジャージ姿を笑いものにすることが多くありました。最近は相手が社内の人などカジュアルな場であれば、上半身もカジュアルがスタンダードになっている企業も増えてきています。Zoomを使っている人は、制服のように背景をゴールデンゲートブリッジにしています。皆サンフランシスコに移住してしまったのでしょうか。

人事・組織

【 類義語・対義語 】

▶ **【類】オンライン会議**　胸から上だけ社会人。
▶ **【類】フリーアドレス**　会社に行ったら両隣にぎっしり人がいる。全く自由じゃない。
▶ **【類】ネクタイ**　3か月締めないと、締めた時、長さが揃わない。6か月締めないと、締めた時、首が苦しく感じる。3年締めないと、「この布は何？」。

57

人事異動

> **意味** ババ抜き。抜いて欲しいと思っても、なかなか引いてもらえないもの。

「しゃ！！別れた元カレが飛ばされた！！！」

昔話ですが、旧某銀行では、最初の配属が東京の山手線の内側の支店か否かで、その後の人生が決まっていると言われていました。

　金融機関の人事異動で有名なのは、2週間前の辞令。早めに内示を出すと、不正をしていた時ごまかす時間的余裕ができてしまうため、わざと突然なのだそうです。また、強制休暇というものもあります。年に1回、1週間から2週間、連続で必ず休まなければならない義務です。ワークライフバランスが叫ばれているからではなく、不正をしていないかをチェックするために、本人を働かせないというすごい仕組みです。

【 類義語・対義語 】

▶【類】**ジョブ・ローテーション**　異動を繰り返していく過程で、専門性を奪っていく仕組み。最終的に、「管理職」しかできなくなる。
▶【類】**単身赴任**　①福岡、札幌に飲み屋が多いことと、因果関係ありますか？ ②選択的夫婦別姓に反対している方々、物理的にも家族がバラバラになる単身赴任になぜ反対しないの？

辞表

> 意味　叩きつけられるように、頑丈に作られた書類。

「部長、怒ってるだろうな」

「辞表を叩きつける」という言葉がありますが、一般の会社員は辞表を叩きつけることはできません。というのも、役員や公務員といった雇用契約がない人が職を辞する時に出すものが辞表だからです。一般的な会社員は、退職届か退職願を出すことになります。

退職届か退職願かに関しては、退職届は正式な退職意思の表明なので、会社は拒否する余地がありません。確実に退職を決めたい時には、退職届を出しましょう。退職願は、会社に退職を願い出る時に出す書類なので、会社の同意が必要ですから、交渉の余地があります。

ちなみに、大学の教員が他大学に転職する時は、転職先の大学から「割愛依頼書」が届きます。業界用語感があるでしょう。

職業別辞意表明呼称リスト

職業	辞めること	届出の名称
一般的な会社員	退職	退職願・退職届
役員	退任	辞表
公務員	定年、応募認定、自己都合、任期満了など	辞表
大学教員	退官・退任・退職	退職届（割愛願）
オーケストラ・劇団	退団	
力士・芸能人	引退	
リクルート・マッキンゼー	卒業	退職願・退職届
怖い集団・宗教団体	離脱・脱退	怖くて調べられない
有期雇用労働者	任期満了	自動的
総理大臣	退陣	

【 類義語・対義語 】

▶【類】**退職届**　LINE で届く正式文書。第三者が代行することも。

▶【類】**退職代行**　「就職代行」ができたら、お金を払っても頼みたい。

▶【類】**一身上の都合**　理由を書かなくてよいキラーワード。

▶【類】**肩叩き**　家庭では美徳、会社では説得。

▶【類】**卒業**　リクルート、マッキンゼー、AKB グループ、坂道グループなどでの退職。

働き方改革

> 意味：管理職を残業させ、ヒラの残業代をカットできる経営者に優しい改革。

「ぶ、部長〜〜！！！」

働き方改革が叫ばれていますが、ブラックな方向に向かっている例もあるようです。

　残業代をカットしても、仕事の量は減らさないというようなことが横行しています。タイムカードを押したあとに、サービス残業を強いている例もあるようで、これなら、労基に怒られながら給料を払っている会社のほうがまだマシです。

　高度成長期の会社では、残業時間200時間なんて人が平気でいました。残業200時間になると、基本は会社にいて、たまに家に帰るような感じになる。住所は「生活の本拠」と定義されていますから、住民票を会社に移さなくてはならない状況です。働き方改革とは、住所を会社から自宅に移すことを目指した運動だったのです。

　残業時間200時間とはいかなくても、100時間を越えてくると、通勤定期券を買わなくなります。終電を超えて毎日タクシーで帰るからです。終電が近くなると、タクシーで帰るためにもうちょっと仕事していこうという輩も多かったです。

【類義語・対義語】

▶ 【対】**休み方改革**　わざわざ休日を動かしてまで休みの過ごし方を指導する親切な民主主義国家がある。
▶ 【類】**ころび方改革**　老人ホームで骨折しないための訓練。長生きに影響する。

年俸制

> 意味

① 一見年収が高く見えて、プロ野球選手の気持ちになれるもの。
② 実際には、税金が多くならないように、月給とボーナスに按分される。

「朝まで寝ないで
がんばるのよ！」

年俸制と聞くと、プロ野球選手を思い浮かべる人もいるかもしれません。他にコンサルも年俸制が採用されていることが多い職種です。

年俸制は、気をつけないと、めちゃくちゃ税金を取られてしまいます。仮に、1年分のお給料が6月に振り込まれてしまったら、とんでもなく住民税が増えてしまう。そういうことは、あまりないでしょうが。

年俸制で給料が固定されてしまうと、残業すればするほど時給がどんどん薄まってしまいます。「時給換算すると、最低賃金を下回っている」という話は、コンサルタントから聞く愚痴の定番です。

時給換算して割がいいかどうかという話だと、着ぐるみを着て踊る仕事は、実は割が良くないという話もあります。彼らに支払われるのはお客様に見られている時間分のパフォーマンス代で、前後の拘束時間についてはお給料が出ないことがあるそうです。着ぐるみも「会社ぐるみ」の慣行にはかなわなかったのかもしれません。

とある外資系コンサルタントの休日

06:30 a.m. ･･･ 起床・朝食
07:00 a.m. ･･･ メールチェック
08:30 a.m. ･･･ 資料収集
11:30 a.m. ･･･ 昼食
02:30 p.m. ･･･ 仮説検討
04:00 p.m. ･･･ スライド作成
07:00 p.m. ･･･ 夕食
08:30 p.m. ･･･ お風呂・読書
10:00 p.m. ･･･ 月曜からの仕事の準備
01:00 a.m. ･･･ 就寝

【 類義語・対義語 】

▶【類】**ストック・オプション**　行使、売却するタイミングを誤ると、税金だけが追いかけてくる。

▶【類】**住民税**　引退した翌年に襲ってくる悪魔。

UP or OUT

| 意味 | コンサルのみならず、タイタニックの船底にいる人の生きる道。 |

「オレ知ってるよ!
外資の年収が高いのは、命を金に
換えてるだけなんだぜ!」

昇進するか、辞めるかという、実力主義の企業の雇用慣行を表す言葉として、一部の業界ではポピュラーです。コンサル会社の人事担当者が、採用にあたってちょっと脅しも兼ねて、「我が社は「UP or OUT」だけど、よいですね？」って一応言っておく言葉です。でも考えてみると、アップって最後は1人しか残らないので、ほとんどの人がアウトになるんです。恐ろしい仕組みです。

　実は、国家公務員総合職も UP or OUT です。最後は事務次官1人しか残りません。同期で1人ずつ生き残るシステムです。天下りが許されなければ、ピラミッド組織の途中で滞留する窓際社員が生まれます。コンサルも国家公務員総合職も、OUT した人が転職できることが鍵です。

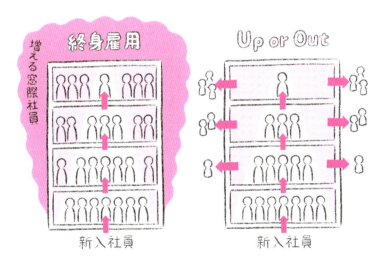

【 類義語・対義語 】

- ▶【類】Comply or Explain　選択肢があるようだが、従わないと圧力がかかる。
- ▶【類】Voice or Exit　古い体質の企業では、Voice and Exit となってしまう。
- ▶【類】Beef or Chicken　機内で必要な最低限の英語会話。

ダイバーシティ

意味 > ダイバーシティ推進室、コンプライアンス室、CS推進室、広報室以外の女性部長が生まれること。

「僕たち皆『犬』なのに、人間ときたら…」

障害者の雇用対策として、障害者雇用促進法は、企業に対して雇用する労働者の2.5％に相当する障害者を雇用することを義務付けています。これを満たさない企業は、罰金と呼ばれる納付金を納めなければいけません。そのために、特例子会社というものを作って障害者雇用をしている企業もあります。障害者を雇用しているという点では評価されますが、インクルージョンにまでは至っていない企業が多いようです。

女性雇用比率の問題でも、インクルージョンまで進んでしている会社はまだ少ないでしょう。会社のラインとは離れた部署に女性部長を置いただけの企業も少なくありません。

こういう状況も、あと10年で変わるという説もあります。2000年以降、採用が男女一括になってきて、その世代が当たり前のように男女関係なくポストを取り合っているので、順当にいけば、管理職の女性割合について、無理やり辻褄を合わせる必要はなくなると言われています。

【類義語・対義語】

- ▶【類】**DE & I**（Diversity, Equity and Inclusion） D：女性の社外役員就任。E：女性の一般職制度廃止。I：試しに採ってみた外国人社員が、縄のれんに嵌る。
- ▶【類】**特例子会社** 障害者雇用をしやすくするために設立された会社。

昭和懐かし用語

【社歴】ガマンできた年数。

【同期会】差がつくまでと、定年間際がさかん。

【半ドン】土曜午後に、遊びに繰り出すために会社に集合する制度。

【片道切符】終着地が終点。

【お手つき】前科一犯。

【持ち合い】利益率の低い会社同士の相互扶助。

【エルピーダ】CDだ。MDだ。音楽配信だ。

【社長】ゴルフ場、バー、東南アジアに行くと増える職位。

【異邦人】カミュと久保田早紀以外には聞かれない言葉。

【おねだり】子供やバーではよくあるが、公務員がやると犯罪。

【プラスティック】昭和の時代は、他の素材をリプレースする主役。令和では、リプレースされる主役。

【プラスティック・ラブ】うわべだけの愛。

【ガラパゴス】『ウルトラQ』のガラモンとパゴスが生息する進化の止まった地域。

【チャリンチャリン】昭和に使われていた継続的収入の表現。キャッシュレス時代は音が多様なので、擬音語は消滅。

【全員野球】①全員でやらない野球とは、どんな野球？②全員サッカー、全員バスケと言わないのは、1人減るといきなり不利になるから。

【下請け】通称に擬態した、法律上の文言。令和7年にやっと「中小受託業者」に改称予定。

【顔パス】昭和では特権。令和では実証実験。

【HB】昭和の鉛筆のデファクト・スタンダード。令和では2B。

【@】昭和では「客単価」と呼ばれていた。

【~】①昭和でも令和でも、"チルダ"と呼んでもらえない。②キーボードで、どうやって出すの？

【時刻表トリック】「乗換案内トリック」と改名する日はくるか？

【中締め】幹事もそろそろ帰りたい。

【ルービックキューブ】NHKでは「キューブ型パズル」

【刀少計】NHKでは「少数計」

Negotiation

ネゴシエーション

アジェンダ

意味 〉 何を議論するんだ？

「今日のアジェンダは、
　ちゅ～るの値上げ阻止だ」
「にゃー」

議題をかっこよく言うとアジェンダとなります。外資系企業から滲み出てきたものの1つです。イシューなどと同じタイプの言葉です。日本の大企業の人たちが、外資系企業のやり方を真似して、使いやすい言葉として広がっていったのでしょう。

　紙の大きさも外資系企業の影響を受けているんです。A4の紙にスライドを横に印刷してプレゼンし始めたのは外資系企業です。昔の日本の企業では、B4サイズの紙を使っていました。B4の紙にびっしり字が埋まっているものが会議で配られ、皆が睨めっこしている時代があったのです。資料からどんどん文字を減らしていったのも、ここ20年くらいの話です。

【 類義語・対義語 】

- ▶【類】仁義をきる　おじさんが得意な根回し。
- ▶【類】ラップアップ　外資系では責任者を決めて終わることが多いが、日本企業では「時間がなくなりましたので、本日は終了」。
- ▶【類】議事録　書記役が自分の思いをしのび込ます文書。

ジャスト アイデア

> **意味** 思いつきという意味だが、偉い人が使うとそのまま本採用される。

「あの子、試しにリストラするってどうかしら?」

和製英語ではなく、本当に英語から来ているジャストアイデアです。It's just an idea, but… のような形で使われています。「純粋にアイデアなんだけど…」と言うことです。日本人がこの意味で使う場合には、後で追及されないような予防線としていることが多いです。

　ただ、ジャストアイデアという言葉は厄介で、上司が部下に「ジャストアイデアなんだけど…」と言うと、上司は（単なる思いつきだから別にこれに従わなくてもいいけど、忘れないうちに言っておこう）的な気持ちでも、部下は全部そのまま採用することがあるそうです。社会人経験が浅いうちは、偉い人が言っていることが「正解」だと思ってしまいがちです。

　また他にも、日本語で「ジャスト」というと、「ピッタリ」という使い方をすることもありますが、そちらの意味に引っ張られて、ベストプラクティスに近い意味と認識している人がいるのではないかという説もあります。

ネゴシエーション

【 類義語・対義語 】

▶【類】叩き台　こう言って出せば、叩かれない。
▶【類】ブレーン・ストーミング（ブレスト）　「思いつきでいい」と言って始まるが、終わってみると「今日は思いつきしか出なかった」と嘆く。

イマイマ

意味 › 「今」より有効期間が短い。

「えっ、いま、いま、忍者が!」

発祥はリクルートと思われます。イマイマという言葉は、すごく短い期間を指す言葉ですが、この言葉自体は 25 年くらい前から長く使われ続けています。

　有名なリクルート用語だと、1on1 面談のことをレボと言うそうです。レボとは、レボリューションの略です。1on1 面談をすることで、個人に革命を起こしていくから、ということだそうです。

　また、過剰に高い目標設定を行った際に、懸念した上司が口にするのが「仰げば尊し」という言葉です。「その計画は仰げば尊しだね」という使われ方をします。上司が懸念するほどの高い目標を部下がボトムアップ的に設定する、リクルート独自の企業風土が読み取れます。

リクルート用語

言葉	意味
よもやま	議題のない打合せ・相談
カニバる	既存事業を喰う
卒業	退職
やるやら	やるかやらないか
ビル倒し	ビルの上から下まで飛び込み営業
壁打ち	論理検証のための事前相談
ぬるっと	正規のステップを踏まずに進行する
着地	確実な数字
元リク	元リクルート社員
レボ	ワン・オン・ワン・ミーティング
仰げば尊し	目標が達成できないほど高すぎる

【 類義語・対義語 】

▶【類】**あさイチ**　NHK 見てたら遅刻する。

▶【類】**なるはや**　「なるべく」がついているが、本心は「早くやれ」。

▶【類】**ゼロゼロ**　金利も担保もない夢のような融資。ただし借り手のモラ
　　　　ル・ハザードを招き、ゾロゾロ市場から退出。

▶【派】**マシマシ**　「ラーメン二郎」で増量のオーダー。最近は禁止の店も。

▶【派】**キンキン**　ビールが冷えている音。

ファシリテーター

| 意味 | 司会でもなく、書記でもなく、事務局でもない人。 |

ファシリテーター
「我こそは、ファシリテーター！」

社長
「…それでは会議を始めます」

会議やディスカッションで注目されているファシリテーターですが、どんな役割なのでしょうか？ 簡単に言うと、「進行する」「発言を促す」「話をまとめる」など、会議の目的（アジェンダ）を時間内に達成する役割を担う人です。バラエティ番組の MC みたいな人です。

昭和の会議は、司会は議事進行するだけ、書記は議事録をまとめるだけだったので、声のでかい人が強引に進めるケースが多々ありました。本当は反対したいのに怖くて発言できなかったり、さっさと会議を終わらせたいので、よくわからないのに賛成してしまったり。

ネゴシエーターと混同しやすいですが、全く違います。ネゴシエーションはネゴだから、交渉役です。対外的に交渉する人です。ユースケ・サンタマリア主演で、映画にもなりました。

【 類義語・対義語 】

▶【類】**アクセラレーター**　脇から、ゴチャゴチャと仕事の邪魔をする人。
▶【類】**ネゴシエーター**　花札よりトランプのほうが強そう。

「またの機会にぜひ」

| 意味 | 全く興味はございません。お引き取りください。 |

「早速ですが、ぶぶ漬け召し上がっていかれますか？」

この言葉は、日本の会社では相手に失礼のない断り方として使われます。断り文句としては、角が立たない魔法の言葉です。「全く興味はございません。お引き取りください」なんて正直に言ったら、その場で相手がぶちきれるかもしれません。

　日本の会社特有のお断り言葉は、他にもあります。

「貴重なご意見、ありがとうございます」

　これは広報部やお客様相談室の人がよく使います。

　株主総会の場面でも、本筋と外れた注文をしてくる株主に対して、気分を害することなく丁寧な受け答えとしてよく使われます。

「さっそく持ち帰って社内で検討させていただきます」

　ここに大事な言葉が含まれていることに気が付きましたか。それは「さっそく」です。さっさとこの場を離れたいという意味なんです。もう気持ちはその場から逃げ出しています。

【 類義語・対義語 】

▶【類】「貴重なご意見、ありがとうございます」　同じこと言う人、多いんだよね。

現場力

> 意味 質問力、女子力、鈍感力などを生んだ
> 元祖フランチャイザー。

**「ねえパパ、日本の会社は
現場が強いっていうけど、
じゃあ本社の人はおっきな
ビルで何してるの?」**

経営コンサルタントの遠藤功氏が、「現場力こそが、日本企業の競争力の源泉」という考えを広める時につくった言葉です。

コンサルタントや経営企画室がいくら良い戦略を立てても、それを実行するのは、生産や販売、サービスに携わる人たちです。つまり、現場です。現場に戦略を実行する力＝現場力がビジネスの結果の差を生み出しているという考えです。頭でっかちが嫌いな日本人に、現場力はぴったりな言葉です。

トヨタの「改善」も現場発の概念です。英語にもなっていますが、Improvement ではなく、ローマ字の「KAIZEN」です。他に、「KANBAN（看板）」「ANDON（行燈）」「JIDOKA（自動化）」「MUDA（無駄）」などもトヨタ発のグローバル用語です。

英語になった日本のビジネス用語

英語	日本語
ZANGYO	残業
ZAIBATSU	財閥
KARAOKE	カラオケ
KEIRETSU	系列
NEMAWASHI	根回し
KAROSHI	過労死
KonMari	片付け

【 類義語・対義語 】

▶【類】**質問力**　被取材者の高等テクニック。取材側は「いい質問だね」と言われると、何となく良い気分になる。

▶【類】**手入力**　わざわざ 1 文字ずつ打ち込む。

正直ベース

意味 > そろそろ真剣に話そうや。

「ねぇママ、パパってほんとは
パパじゃないんでしょ?」

ビジネスの現場で効果的に使える場面は、例えば、会議や商談などです。交渉している時に、建て前だけで話していてもラチがあきません。時間もなくなり、そろそろ話をまとめなければいけない時に、「そろそろ正直ベースで話しましょうよ」とクロージングに持ち込みます。解決に向けてちょっと距離を縮める時に使う言葉です。

　効果的に使うには、TPOも重要です。カジュアルな格好よりも、ビジネススーツのほうが、言葉とのギャップが出て、相手の心を開かせやすいです。ネクタイを少し緩めて、この言葉を使うのもありです。ただし、あまりにも演技くさいと逆効果になるので、注意してください。

　とはいえ、相手を選ぶ言葉である点は注意が必要です。相手がザ・日本人ならいいですが、外国籍の、コスパ・タイパ重視のビジネスパーソンに使うと、「今までの話は何だったんだ、嘘をついていたのか」と怒り出すかもしれません。

正直ベースがある時・ない時

【 類義語・対義語 】

- ▶【類】**数量ベース**　単価が下がっている時に実績をアピールする指標。
- ▶【類】**ゼロベース**　前年度の結果を完全に無視して、幻を追求すること。
- ▶【応用】**ブイヤベース**　フランス南部発祥の魚介類スープ。会議には出ない。
- ▶【応用】**三角ベース**　人数が足りない時の野球。

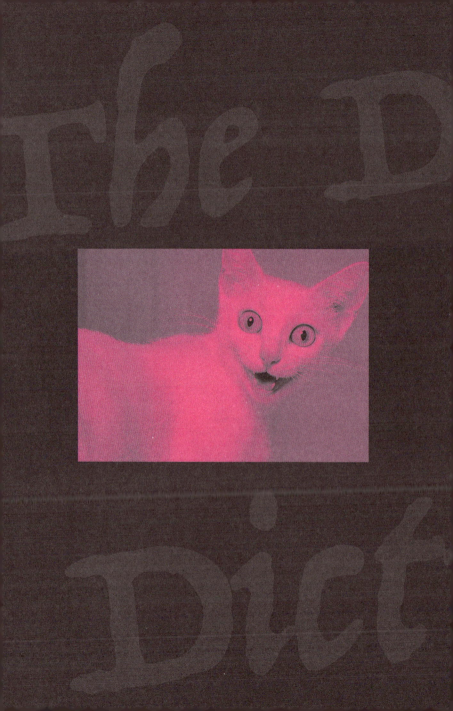

Strategy

ストラテジー

アドバイザリーボード

意味 › 会社の格をアピールする広告塔。

↑
**会社の理想とする
アドバイザリーボード**

アドバイザリーボードは、企業経営者や学識経験者など、経験や専門知識をもとに、会社が抱える経営課題の解決や新しい分野への拡大に向けた取り組みについて、アドバイスをする社内組織です。要は昔からある諮問委員会です。新しいガバナンス組織を設置しましたと世間に伝えるために、カタカナ言葉に変えたのでしょう。

　ボードと言っても、取締役会ではないので、経営責任は負いません。だから会社にとっては、外部識者の意見を聞いて経営をしていますよっていう姿勢が重要です。法的な意味もあるわけではないので、有名人を抱えて、会社の格を上げようとしている会社もあります。

　会社の格上げのために、著名人を招聘したり、会社のPRを頼んだりすると、逆効果になることもあります。

誤ったアドバイザリーボードの使い方

【 類義語・対義語 】

- ▶【類】ボードに入る　会社と運命を共にすること。
- ▶【類】ビルボード　ジャズ界の武道館。
- ▶【類】ダッシュボード　車の中にあると思っていたら、パソコンの中にも。
- ▶【類】青天の霹靂　予想通りでしたが…。
- ▶【類】ウエルカム・オン・ボード　間もなく飛びます。

エビデンス

> 意味 斬新な企画を潰すための、キラーワード。

女1「今度の彼氏、年収3000万円なの」
女2「エビデンスは?」

エビデンスは、最近、よく聞く言葉です。機能性飲料のCMで、発音まで覚えた人も多いと思います。
　本木雅弘「エビデンスがあるお茶なんです」
　上白石萌音「エビデンスではなく、エ↘ビデンスです」
　体脂肪が「減った」と、エビデンスの発音が徐々に下がるのをかけているなんて、しゃれたCMです。
　それはさておき、教科書的な意味は、「証拠」です。IT、医学、経済、科学など、業界や分野によって使い方が異なりますが、基本的には、誰もが納得する根拠を示すことです。「証拠を出せ」と言うよりは、もっともそうな物言いに聞こえるので、各業界に広がったのだと思います。
　最近では、政治の世界でもエビデンスに基づいてやらなきゃダメだという風潮が強くなっています。EBPM（Evidence Based Policy Making）と言います。今まで、何に基づいて政治をやっていたんでしょうね？

上司と部下の戦い〜エビデンス編〜

他社は成功してるの？

画期的な美顔ローラーを作ります！

エビデンスは？

斬新だからうちが最初です。

フォロワー数は？

著名な人がたくさんフォローしてます

【 類義語・対義語 】

▶【類】「成功事例を持ってこい」　他社の二番煎じが大好き。
▶【類】フォロワー数　可燃性を示す指標。少ないほうが燃えにくく安全。

ストラテジー

93

カニバリゼーション

意味 > 目障りな新事業を、
社内で駆逐するための論拠。

「マドレーヌ事業だと！？
私のフィナンシェ事業を
潰す気か？！」

教科書的にカニバリゼーションを説明すると、自社の商品が自社の他の商品の売上を侵食してしまう共食い現象のことです。リクルートでは、「カニバる」という言葉が流行った時期があります。この言葉は、本業一筋の会社ではあまり使われないと思います。

　この言葉が発せられた時、新しい事業に打って出るか、やめるかの議論ができるはずです。しかし、自分が属する既存事業を守るために使う人たちが多いのです。新しい事業に挑戦しようという意見に反対できない時に、カタカナのビジネス用語を使うと、なんとなく煙に巻けます。

　Google、Amazon、P&Gなどのグローバル企業は、カニバリを社内で奨励しています。自分で自分を食うぐらいのことに挑戦しなかったら、競合他社に食われてしまう。それだったら、自分で自分を食うほうを選べということです。

ストラテジー

【 類義語・対義語 】

▶【類】**カニバる**　何度も唱えることで、社内に恐怖感を煽る呪いの言葉。
▶【対】**カニバらない**　本業と重なる所がなく、シナジーは期待できない。
▶【応用】**バリバリ**　ひどく凝った肩や首のこと。

シナジー

| 意味 | 切られそうな事業を救うための言葉。実際にシナジーがあったかは、検証されない。 |

孫「おじいちゃん、
　　シナジーってなに？」

シナ爺「それはな、
　　　　皆の心の中にだけ
　　　　ある宝物じゃよ」

プロジェクトを引っ張る時に、「我が社の強みを掛け合わせればシナジーが生まれます」と言えば、かっこいいですよね。

でも、この言葉を正しく理解していない人はたくさんいます。代表格は、かっこつけながら「シナジー効果」と言う人です。シナジーは相乗効果の意味ですから、シナジー効果と言うと、「相乗効果効果」になってしまいます。

実際には、シナジーがあったかどうかは検証されないので、切られそうな事業を救うために使うこともできます。

ストラテジー

カッコ良さそうに使われる二重言葉集

二重言葉	説明
ハイテク技術	テクはテクノロジー（技術）
製造メーカー	メーカーは常に製造業
EV 車	Vehicle は車のこと
DX 化	Transformation はもともと動きを示す
インフラ基盤	基盤とはインフラストラクチャー
製造工場	物を作らない工場はない
IC 回路	Circuit はもともと回路
あらかじめ準備	いつ準備すればいいの？
事前予約	いつ予約すればいいの？
過半数を超える	超えすぎ！
一番最初、一番最後	最初に 2 番目はない
全て一任	お任せの最上級
違和感を感じる	この文章に違和感ありました？

【 類義語・対義語 】

▶【類】**シナジー効果**　「相乗効果」効果。IT 技術と同じ。
▶【類】**関連多角化**　成功した多角化は、関連があったということ。
▶【類】**非関連多角化**　失敗した多角化は、関連がなかったということ。
▶【派】**シナジードリンク**　エナジードリンクを組み合わせて飲むこと。

スタートアップ

意味 ベンチャーだと新鮮味がなくなり、改称。

つまりは中小企業だった。

この名称は、創業直後はアップアップすることから命名されました、というのは冗談で、アメリカ西海岸のシリコンバレーで使われ始めたとされています。

　スタートアップは、株式を上場して、その上場益で、創業者や投資家に利益を還元します。でも、あなたがその会社の創業メンバーだと想像してみてください。社長の熱意にほれ込んで、IPOを目標にブラックな働き方を続けてきたのが、ある日、突然大金持ちになってしまうんです。その結果、出社しても、遊んでばかり。なぜなら、一生分のお金がたった1日でポンと手に入ってしまうのだから。ある日本の会社で起こった本当の話です。

ストラテジー

【 類義語・対義語 】

- ▶【類】**中小企業**　短期間に急成長しない企業群。
- ▶【類】**オーガニック・グロース**　有機農業は自力でやらないとダメ。
- ▶【類】**CV**　「履歴書」と言うより、外資っぽい。
- ▶【類】**IPO**　「上場」よりかっこいいが、他人からとやかく言われる始まり。
- ▶【類】**トップライン**　「売上高」より、グローバル感がある。
- ▶【類】**レジリエンス**　「復元力」より、コンサルが介入しやすい。
- ▶【類】**ローンチ**　「発売」「公開」より、漕ぎ出す感がある。

ニッチもサッチも いかない

> 意味　ニッチ戦略も撤退戦略も とれないさま。

「はい、はい、
　その件については早急に
　対処しているところでして…」

行き詰まって身動きがとれない状態のことです。社内のおじさんから言われた時に、ぽかんとしないで済むように、意味は覚えておきましょう。

　この言葉は、算盤の球がうまく進まなくて計算のやりくりが難しい、商売がうまくいかないという意味から出たものです。漢字で書くと、「二進も三進も」です。

　「にっち」と言うと、同じ発音の言葉に「ニッチ」があります。ニッチという言葉は、ビジネスの世界でけっこう誤解されています。「小さい」「売れない」「隙間」などという意味で使われていますが、実は、需要はあるのに、大企業が入らない市場のことを言うんです。経営資源が多い大企業が手を出せないニッチ市場は、小さな会社にとってはビジネスチャンスです。つまり、ニッチは小さく逃げ込むのではなく、ポジティブな戦略なのです。

　この言葉は、社内の会議や上司からの無茶振りに対応する時にも使えます。売れそうにないときに、「このプロジェクトはニッチ狙いです」と最初に言っておけば、ニッチもサッチもいかなくなる前に、予防線を張ることができるわけです。

ストラテジー

ニッチの応用

部長

こんどのプロジェクト、がんばってくれ

このプロジェクトは、ニッチ狙いでいきます

課長

【 類義語・対義語 】

- ▶【類】**ニッチ戦略**　売れない商品の予防線。
- ▶【類】**ニッチャー**　ニッチを極めた企業に与えられる称号。
- ▶【類】**サッチャー**　鉄の女に与えられる称号。
- ▶【類】**サッチモ**　ルイ・アームストロング。

パーパス

> 意味 何のために策定するのかが、一番曖昧。

「よいか、愚かなる人間よ。
社会貢献などと
抜かす前に社員の…」

「給料上げろ！」

パーパスは、会社が何のために存在するのか、事業を行う理由は何か、社員は何のために働くのかに対する答えです。

例えば、売り手よし、買い手よし、世間よしの三方よしの考え方です。商売で売り手と買い手が満足するのは当然のことで、社会に貢献できてこそよい商売という近江商人の経営理念です。

ある会社のパーパスを策定する会議で、ある方が本質をついたことを言いました。

「北極星って動かないじゃないですか。方位盤がなかった昔の船乗りは、北極星を自分たちの現在地を知るための目印にしていた。だから、僕たちも、自分たちの立ち位置を迷わないように、目指すべきところとして北極星をつくる。それがパーパスだと思います」

ストラテジー

設問 対応するものを線で結びなさい。

パーパス　・　　　　　・（A）自社の将来像

ミッション・　　　　　・（B）自社の使命や果たすべき役割

ビジョン　・　　　　　・（C）企業の価値観や行動指針

バリュー　・　　　　　・（D）自社の社会的存在意義

答　パーパス：（D）　ミッション：（B）　ビジョン：（A）　バリュー：（C）

【 類義語・対義語 】

▶【派】パーパス経営　コンサルが大繁盛するビジネスの流行り言葉。
▶【類】ミッション　エンニオ・モリコーネの名曲が聴けるロバート・デ・ニーロ主演の宗教映画。
▶【類】ミッション系　上智、ICU、立教、青学、同志社、関学…。
▶【類】ミッション・クリティカル　ミッションの最上級形。
▶【類】ミッション：インポッシブル　主演のトム・クルーズもいまやアラ還。

ブルーオーシャン

| 意味 | 画期的事業を見つけてから、後付けでブルーオーシャンだったと説く教え。 |

だいたいはこんな感じ。

対極の言葉は、レッドオーシャンです。ブルーオーシャンが市場の創造、レッドオーシャンが市場の奪い合いです。

　新しい市場で成功した会社を事例研究して、ブルーオーシャンを開拓したから成功したと言うのは後付けです。

　提唱者のキムとモボルニュは、シルク・ドゥ・ソレイユを典型例として取り上げています。既存のサーカスでもなく、演劇でもない、新しいエンターテイメントの市場を開拓したから成功したとしています。でも、コロナ禍の影響で倒産してしまいました。

　チームで新規市場を開拓したい時に、「ブルーオーシャンを探そう」のような言い方をすることがあります。「青い鳥」を探そう的なイメージもあります。新しい市場を見つける作業は、砂漠の中で針を探すようなものですが、もしかしたら、気が付いていないだけで、すでに目の前にあるのかもしれません。

ストラテジー

【類義語・対義語】

▶【対】**レッドオーシャン**　ジョーズが現れた海岸。退避したほうが良い。
▶【類】**三楽オーシャン（現・メルシャン）**　かつてはサントリー、ニッカと並ぶ日本のウイスキーメーカー。現在はキリン傘下に。
▶【類】**ホワイトスペース**　普及せず、ブルーオーシャンに白旗をあげた。

ユニコーン企業

> 意味　ただ投資家の幻想によってのみ存在しているスタートアップ企業。

☞ 理想

現実 ☞

ユニコーン企業とは、評価額が10億ドル以上、設立から10年以内の未上場のテクノロジー関連のスタートアップのことです。企業価値が100億ドル以上の未上場企業はデカコーン、1000億ドル以上の場合はヘクトコーンと呼ばれます。

　Facebook（現・Meta）社やTwitter（現・X）社も、かつてはユニコーン企業でしたが、いまではユニコーン企業ではありません。設立から10年以内という条件があるからです。また、メルカリもユニコーン企業でしたが、上場したのでユニコーン企業ではなくなりました。

　2013年ごろにユニコーン企業という言葉が生まれました。ハイリターンで、一角千金を狙えるスタートアップ企業が少なかったため、その存在が現実にあり得ない伝説の生き物になぞらえて、ユニコーン（unicorn: 一角獣）と呼ばれるようになりました。

　ユニコーン企業は未上場なので、上場企業のように株価をもとに評価額を決定することはできません。それなのに、10億ドル以上の企業価値があると評価されているのですから、資金を得る経営者も、資金を出すベンチャーキャピタルやエンジェル投資家も、まさに一角千金狙いなのです。

【 類義語・対義語 】

▶ 【類】ユニコーン　奥田民生はこのバンドにいた。

社内ベンチャー

意味　プロジェクト・オーナーのお偉いさん（社長、副社長、専務あたり）が引退すると、クロージングが始められ、跡形もなくなる。

「お偉いさんが辞めた？
やったー!! 自由だー!!」

2000年頃に日本では、社内ベンチャーブームが起こりました。

　社内ベンチャーは、アメリカのスリーエムを手本に、本来は、従業員が発案したアイデアを事業化するものでした。当時多くの日本企業が、「スリーエム詣で」をしました。

　しかし日本では、上昇志向の強いお偉いさんが旗振り役になって、社内ベンチャーという"器"を真似た企業も少なくありませんでした。しかしこうした企業では、お偉いさんが失脚すると、その事業はクロージングが始められ、跡形もなくなりました。

　社内ベンチャーのことを、インキュベーション推進室といった名称にしている会社もあります。インキュベーションは「卵からヒヨコになる」孵化という意味です。

　しかし、ほとんど孵化しないのが現実です。新規事業は北風の中で挑んでなんぼです。それを、ふかふかの布団で温めながら孵化させるのは無理です。そう考えると、社内ベンチャーも同じですね。

【 類義語・対義語 】

▶【類】コーポレート・ベンチャー　路頭に迷わない保険付きベンチャー。
▶【類】インキュベーション　ふかふかの布団の中で育てる。

監査等委員会

意味
① 監査以外に何をするんだ？
② 役所等で使う場合は、「等」が欠かせない等。
③ 日本では、役所が命名する場合、「等」と明記することが義務づけられている。

「このメス猫は…だああぁれ？」
「と、と、となり等の猫だよ！」

監査等委員は、監査役ではなく取締役ですが、その過半数は社外取締役である必要があります。取締役の選任、解任・辞任、報酬等について意見を述べます。監査等委員会設置会社について詳しく知りたい方は、会社法を勉強してみてください。

簡単に言うと、それまで監査役が担っていた取締役の執行業務のチェックを、取締役ができるようになったわけです。これによって、監査役の数を減らすこともできます。

監査「等」と言っても、やることは、取締役の指名、監査、報酬の3つしかありません。なんでも「等」をつけておけば責任等を問われない等と思う、お役所等では当然のような発想等からきたネーミングです

縦書き: ストラテジー

「等」がつく法律等の例

- 外国**等**に対する我が国の民事裁判権に関する法律
- 公衆**等**脅迫目的の犯罪行為**等**のための資金**等**の提供**等**の処罰に関する法律
- 国際的な協力の下に規制薬物に係る不正行為を助長する行為**等**の防止を図るための麻薬及び向精神薬取締法**等**の特例**等**に関する法律
- 偽造カード**等**及び盗難カード**等**を用いて行われる不正な機械式預貯金払戻し**等**からの預貯金者の保護**等**に関する法律

【 類義語・対義語 】

▶【類】**指名委員会等設置会社**　等と言っても、指名、監査、報酬の3つしかない。

▶【類】**前号に付帯する一切の事業**　定款上、何でもやれる。

▶【類】**プロフェッショナル経営者**　「職業：経営者」と名乗れる希少な人達。

111

事業承継

意味
① 親ガチャ。
② 優良企業を辞めても、慰留されない人達。

「ねえ、お小遣い、いくら？」

「承継」と「継承」は似た言葉ですが、使われ方に違いがあります。承継は先代の経営理念などの形のないもの、継承は立場や財産など形のあるものを引き継ぐことを意味します。そのため、会社を継ぐ場合は、事業承継と言うのが一般的です。

中小企業経営者のジュニアは、優良大企業で修業することが多いです。そこを10年以内に辞めます。本人がいくら優秀でも、誰も慰留しないのが暗黙のルールです。

バブルの時は、中小企業の社長のほうが大企業の社長より羽振りがよかったのですが、最近はゾンビ企業と呼ばれるような、先行きが怪しい中小企業も増えています。本当は引き継ぎたくないと思っているジュニアたちもいるようです。将来安泰な優良企業ならいいですが、明日もわからないような会社なら承継したくない。まさに、親ガチャです。

中小企業の事業承継は、税金などが複雑に絡むため、近年金融機関ではその支援に力を入れています。

【 類義語・対義語 】

- ▶【類】ファミリービジネス 「同族経営」をポジティブに表現したもの。
- ▶【類】ジュニア 先代がいる限り、何歳になってもこう呼ばれる。
- ▶【類】番頭 永遠の黒子。事件時に真っ先に取調べを受け責任をかぶる。

第三者委員会

意味
① 弁護士の特需。
② 第三者という名がついているが、
　後々第三者ではいられなくなることも。

彼女「第三者のほうがいいんかーい!」

コンプライアンスが強く問われなかった時代には、社内のメンバーを中心に内部調査委員会を設置するケースが多かったと思います。日本の会社は身内に甘いですから、ポーズで終わったケースも少なくありません。

第三者委員会で誰に報酬を支払うのか決めるのは、不祥事を起こした企業自身です。そもそも、第三者委員会を設置しろという法律はありません。

企業で不祥事が起きたら、その責任は社長にあります。本来なら社内調査で徹底的に膿を出す義務があるのです。でも、第三者委員会を隠れ蓑に、直接火の粉が降りかからないようにすることも多いです。

【 類義語・対義語 】

- ▶【類】**外部調査委員会**　外部と謳っても、人選は内部で行っている。
- ▶【類】**社長直轄組織**　「やってる感」満載の組織。
- ▶【類】**役所の委員会**　①本日の配付資料と前回議事録の確認をすると、時間が足りなくなる会合。②偉い人が座長だと「決めるため」の会。若い人が座長だと「情報収集目的」の会。
- ▶【類】**タスクフォース**　設置する時は大々的にPRするが、解散する時は人知れず消える。
- ▶【類】**セント・フォース**　フリーアナウンサーの宝庫。

生活者の視点

| 意味 | さして知見もない社外取締役に発言を促す時の誘い言葉。 |

「要はズブの素人だろ、仕事なめんな」

生活者の視点は、ふつうに生活する人々が考えることを、経営する上で大事にしようという文脈で使われる言葉です。かつて博報堂生活総合研究所が打ち出したコンセプトが「生活者」です。消費しているのではなく、生活しているのだから、消費者ではなく生活者だというわけです。

　マーケターが好んで使っていましたが、最近では社外取締役が増えていく過程でも増えてきました。社外取締役が取締役会で経営に突っ込みすぎる意見を述べると、「社内事情も知らないくせに」と思われるリスクがありますが、「生活者の視点では」という前置きをつけると、もっともらしくいいことを言っているように聞こえます。

　とても日本国民を代表しているとは思われない社外取締役でも、「生活者の視点では」と言うと、発言が客観性を帯びてきます。

ストラテジー

【 類義語・対義語 】

- ▶【類】**女性の視点**　発言の少ない女性社外取締役に発言を促す時の誘い言葉。
- ▶【類】**グローバルな視点**　ドメスティックな企業ほど気にする「見た目」。
- ▶【類】**国民的視点**　政治家が持論を通したい時に使う。
- ▶【類】**稚内支店**　冬、かなり寒い。

イニシアティブ

> 意味：自分以外の誰かを責任者に仕立て上げるために使う言葉。

「今回の責任者は〜お前だ〜！」

交渉や会議の主導権をとることや、プロジェクトの自発的な行動の意味で使われます。「イニシアティブをとる」というと、チームでプロジェクトを実施する時に、リードして主導権を持つことを意味します。「イニシアティブは取引先が持っている」と言えば、取引先が主導権を持っていることを意味します。

他方、リーダーシップは、リーダーとしてチームを統率し、目標達成に向けてプロジェクトを推進することです。それに対して、イニシアティブは、立場や力の上下関係に関係なく、自ら率先してプロジェクトをリードすることを言います。

簡単にいうと、リーダーシップはリーダーに求められるもの、イニシアティブはメンバーなら誰にでも求められるものです。

このように教科書的には説明されますが、危険な使われ方もします。成功確率が低い面倒なプロジェクトを任されたリーダーが、チームメンバーの誰かに責任を押し付ける時にイニシアティブは発動されます。

ストラテジー

【 類義語・対義語 】

▶【類】握る　ゴルフでは賭博罪。ビジネスでは安全弁。
▶【類】誰がボールを持っている？　仕事がうまく進んでいない時に問われる。

リスクヘッジ

| 意味 | 管理職になると、急に意識し出す自己防衛対策。 |

女「なんで、タッチしてくれないの?」
男「こんなことで、逮捕されたくないからね」

もとは金融用語で、株価の下落による損失に備えて分散投資をしたり、為替の変動リスクに備えて為替予約することなどを指します。
『VIVANT』に出る会社レベルでは、資金調達や誤送金などの財務リスク、賄賂の受け渡しや不正行為などの法務リスク、国際テロ組織への人材流出などの人事リスク、データセンターへの潜入・情報漏洩といったITリスク、自然災害や砂漠横断などの環境リスクなどがあります。投資も経営も、守りだけでは成長できないですが、守りを固めないで、攻めの姿勢だけで行動することは、あまりにも無謀です。
　似たような言葉に、リスクマネジメントがあります。さまざまなリスクを組織的に回避したり、発生した時の損失を最小限に抑えたりするためのマネジメント手法です。
　リスクヘッジは、ビジネスパーソンにとっても、必須スキルになっています。例えば、ある外資系企業では、プロジェクトが失敗しそうになると、そのリスクを早々に察知した上司から、「メールのCCから俺を外せ」と指示が出るそうです。CCに入っていると、責任を問われるかもしれないので。ドロ船からは沈む前に逃げるのが、リスクに敏感な人の流儀です。

ストラテジー

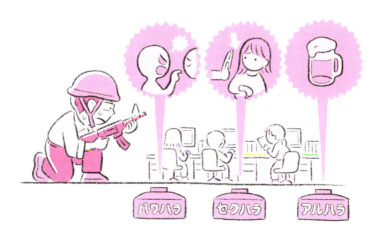

【 類義語・対義語 】
▶【類】リスクアペタイト　金融機関では、食べすぎると、お腹をこわす。

一丁目一番地

> 意味　政治家が好むだけあり、通常地価は一番高い。

幻の一丁目一番地を求め、男はジャングルの奥地へと向かった。

簡単に言うと、最優先事項のことです。いくつか取り組まなければならない課題の中で、真っ先に取り組むべき課題を共有する時に使います。政治の世界で愛用されてきた言葉です。
　外資系企業では、きっと使わないでしょう。日本以外では、ストリートで住所を表す国が多いですから。
　住所としての一丁目一番地は全国的に地価が高く、重要な建造物があります。東京都の千代田一番一号には、何があるかわかりますか？　皇居です。永田町一丁目一番地は国会前庭、日本橋一丁目一番地には日本橋、代々木神園町一丁目一番地には明治神宮があります。
　ちなみに、百貨店や高級ブランドショップ、高級クラブなどが並ぶ銀座ですが、一丁目一番地はありません。銀座一丁目は二番地からで、銀座の中心は四丁目です。大阪城は大阪市中央区大阪城一番一号で、丁目はありません。

【類義語・対義語】

- ▶【類】**優先順位**　「全部重要で、順位などつけられない」という経営者は、シルバーシート（優先席）へ。
- ▶【類】**一期一会**　おいしいイチゴには、めったに出会わないこと。
- ▶【類】**本丸**　戦記物が好きな人は、こちらを使う。
- ▶【類】**肝要**　「重要」より、重要そうな感じ。

カンペ

> 意味　聴衆に見えないように用意した原稿。
> プロンプターを使うと、ハイテクっぽい。

母
「大きい声で」「記者の眼を見て」
「何も知らんと言え」

カンペは、カンニング・ペーパーの略語です。試験の時に密かに見るメモのようなネガティブなイメージを持つかもしれませんが、ビジネスでは、今でも使われています。

ここで大事なことは、相手にカンペの存在に気づかれないことです。相手にバレバレにメモを読んだりしたら、相手は、そのメモを配付したほうが時間的にも早く終わるのではと思うでしょう。

オンライン会議でも効果を発揮します。画角の外は治外法権なので、使い放題です。大事なことを付箋に書き込んで、パソコンに貼っておくこともできますし、準備していなかったことを質問されても、陰でスマホで調べることもできます。大事なことを伝えることが求められるビジネスシーンでは、カンニングはポジティブなものなのです。

ストラテジー

【 類義語・対義語 】

- ▶【類】プロンプター　顔を下げないで話せるカンニング・ペーパー。
- ▶【類】関ペ　関西ペイント。
- ▶【類】日ペ　日本ペイント。

計画の
グレシャムの
法則

| 意味 | 重要なことを前日になるまで着手しない人の理論的根拠。 |

「君たちの経費精算の承認は、
毎日してるよ」

意思決定の時に、優先順位が変わってしまうということを経験したビジネスパーソンは多いでしょう。以下のようなたとえ話が分かりやすいでしょう。

　明日、皆さんの部下が結婚式を挙げます。今日祝電を打たなければ明日の結婚式には間に合いません。未決箱には、「至急、祝電を打ってください」という紙と、「中期計画の見直しをしてください」という紙が入っています。中期計画の締め切りは先なので、時間的猶予がありそうです。

　時間があれば、2つとも今日取り掛かればいいのですが、時間がないと、祝電を打って、中期計画は後回しになります。もし、会社に行った時に、明日までの祝電が30件、月末までの中期計画が20件、未決箱に入っていたとしたら、管理職は一日中祝電を打ち続けることになり、会社にとって重要な中期計画には、全く手をつけられないことになります。そういうことを指すのが、計画のグレシャムの法則です。

日本的ビジネスパーソンの仕事術

緊急

重要じゃないが
緊急
→すぐやる！

重要でない

重要

重要だが急がない
→緊急になるまでやらない
「明日できることは
今日しない」

緊急でない

【 類義語・対義語 】

▶【類】**重要性と緊急性**　本来は独立だが、実務的には、緊急なものが重要。

▶【類】**グレシャムの法則**　ATM でピン札とシワシワの札が出ると、シワシワから使うこと。

戦略的撤退

| 意味 | 外部発表できる時の撤退の呼び方。 |

男「ご、ご、ご趣味は…?」
女「パチンコと競馬、
　　それとホスト通いです」

「戦略的」は、会社の資料の中で出てくる、最も陳腐な枕詞になっています。「戦略的人材育成」は、ただの「人材育成」と違いがあるかというと、そんなことはありません。「戦略的」を多用すると、本当に戦略に基づいて何かをしたい時に、使う言葉がなくなってしまいます。

　２番目に陳腐な枕詞は「総合的」でしょう。評価基準がはっきりせず、個人の主観に基づいて恣意的に決め事をするような時、「総合的」は使われます。

　他にも、「苦渋の決断」という表現もあります。タチが悪いのは、言っている本人が、苦くて渋い青汁を飲んでいるような顔をしながら、実際に苦くて渋い思いをするのは、言われている側の人間というところです。

ストラテジー

【 類義語・対義語 】

▶【類】戦略的　①物事を大げさにする枕言葉。②根拠はないが、やることが決まっている状況で使う枕詞。
▶【類】総合的　とっちらかって収拾がつかない状況で使う枕詞。
▶【類】総合的に判断し　「私が恣意的に決めました」。
▶【類】苦渋の決断　①不利益を被る人が多い時の接頭語。②実は本人は苦くも渋くもない。

業界・職種によって意味が違う用語集

【デフォルト】

IT：初期設定　　金融：債務不履行

スポーツ：棄権

【インバウンド】

旅行：訪日観光客　　コールセンター：受電

【リリース】

広報：対外公表　　ソフト・システム：発売

筋膜：緩める

【CX】

マーケティング：カスタマー・エクスペリエンス（顧客体験）

放送：フジテレビ　　航空：キャセイパシフィック航空

【MD】

マーケティング：マーチャンダイジング

医療：医師　　家電：ミニディスク

【リスク】

事業会社：ネガティブな危険度

金融：不確実な想定外のこと　（例：上振れリスク）

【Exit】

建築：入口でない方　　ファンド：株式売却し、撤退

【おみやげ】

株主総会：昔は出席する最大の動機

税務調査：納付するもの

政治家：外遊後、仲間に配るもの

【プロトコル】

通信：通信制御手順　　**医療**：治療手順

政治：外交儀礼

【ロジ（ロジスティクス）】

運輸：物流　　**役人**：業務遂行のための準備

交通：人家の間の狭い道路

【DX】

情報：デジタル・トランスフォーメーション

自動車：昭和の国産自動車のランクで、スタンダードの上

通信：アンテナのブランド

【マウント】

IT：PCで周辺機器を使えるようにする

カメラ：本体とレンズの接合部分

人事：相手より優位に立とうとする言動

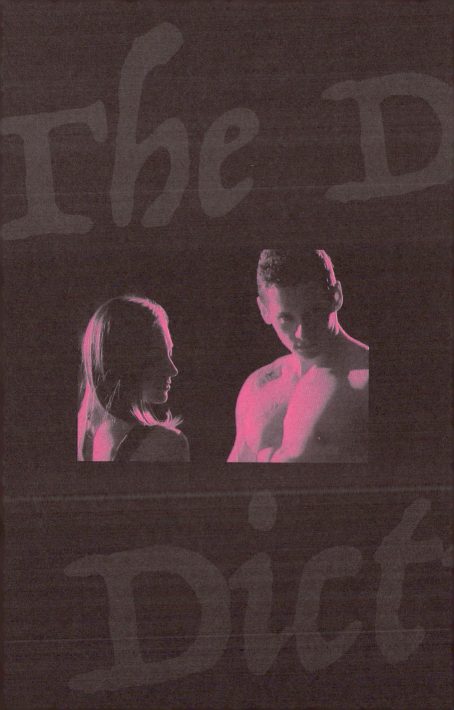

Marketing

マーケティング

アイミツ

> 意味　発注したい企業を決めてから、比較相手を探す儀式。

男「なんで付き合ってくれないの？」
女「な〜いしょ。
　　でも、めっちゃ好き♥」

取引先を決めるために使われるアイミツ（相見積もり）ですが、発注したい相手を決めてから比較企業を形式的に探すこともあるようです。
　一方受注側でも、事前に受注者を仲間うちで決めてしまうのが談合です。談合は、受注側が複数社で順番に受注できるように価格設定したり、どこか1社が元請けになって、他社を下請けにするやり方もあります。
　発注者が賄賂をもらっている時は、アイミツを行ったという「事実」が必要で、後付け的にアイミツが行われます。

【類義語・対義語】

- ▶【類】**競争入札**　外形上、競争しているように見せる随意契約。
- ▶【類】**随意契約**　「意中の企業と契約しても、やむを得ない」と周りを説得できた場合の契約。
- ▶【類】**談合**　中央自動車道の談合坂 SA に、関係者が集まること。
- ▶【類】**当て馬**　表舞台には立てない日陰者。

エレベーター トーク

意味 > ① 「ご利用階数を押してください」
② 英語では「エレベーター・ピッチ」と言うが、ピッチよりトークのほうが長く話せそう。

「タワマンって部屋から1階の コンビニ行くだけで20分も かかんねん。ほんまやで」

仕事上手な人は、エレベーターで上司に会った時に「あの件、進んでいます」など、お互いしか分からない言葉で報連相しています。上司も「あ、そうか、もうやっているか。よしよし」のように固有名詞を出さないのが定石です。

　日本では、部長の部屋や課長の席に行って根回しすることもできますが、基本的には場所に関係なく根回しするのを、最近ではエレベータートークとかっこよく言い換える人もいます。

　アメリカでは、上司に会うためには、アポが必要です。そこで、優秀なビジネスパーソンはエレベーターという場の偶発性を利用するのです。エレベーターで一緒になった上司に、「これお聞きかもしれませんが」と耳に入れることで、根回しをしています。

マーケティング

【 類義語・対義語 】

- ▶【類】カーナビ・トーク　「ETCカードが挿入されていません」(日髙のり子)。
- ▶【類】テレフォン・トーク　「サービスの品質向上のため録音されています」。
- ▶【派】ポケトーク　どこでも英語が通じる（と思っている）米国人からは、出てこない商品。

インバウンド

意味 > 静かな京都は、遠くになりにけり。

京都　　　外国人観光客

インバウンドとは、外国人が訪れてくる旅行のことを言うのが一般的ですが、コールセンターでも使われる用語です。イメージは同じで、外から受け身で待っているような感じです。旅行なら、外国人観光客が国内にやってくるのを受け入れる。コールセンターなら来た電話を受け取る、ということです。

インバウンドは、英語でも一般的に使われている言葉で、外国人が日本にやってくることだけを指しているわけではありません。アメリカにフランス人がやってくる時にも、フランス人はインバウンドの旅行者と呼ばれます。

この言葉が市民権を得てきたのは、ここ数年です。オーバーツーリズムという概念と一緒に流行ってきた印象ですが、世界で社会問題になっています。過剰に混雑したり、混雑した地域の人が苦言を呈したりしているのは、儲かっている人と迷惑を被っている人が違うからです。

マーケティング

観光客が多すぎるよ〜〜〜!!!

【 類義語・対義語 】

▶【類】民泊　民宿が「正社員」だとすれば、民泊は「アルバイト」。
▶【類】チャイニーズ・ウォール　撮影スポットに陣取る観光客の壁。

139

マイレージ

意味
① 合法的非課税所得移転。
② 富の拡大再生産。
③ マイラーが考案する知恵にはマイル。

「パパのマイルで乗るビジネスクラスは最高だね、ママ」

アメリカの航空会社のフリークエントフライヤープログラムが発祥です。日本では、ヨドバシカメラのポイントが最初です。

そもそも、ポイントは、会社にとっては負債です。後で値引きやサービスの上乗せという形でお客様に返さなければならないものですから、借金です。

それに、必ずしも消費者にとっても得かどうかはわかりません。その場で値引きをしてもらえば現金が手元に残るのに、ポイントで受け取ると、値引きを先送りしているわけです。ポイントには利息がつきませんし、ポイントを忘れてしまう可能性もあります。そもそもポイントを発行している会社が倒産したら、ポイントは完全に消滅です。「Point of No Return」です。

【 類義語・対義語 】

- ▶【類】**ポイント**　有効期限が近づくと、無駄遣いに駆り立てる販促ツール。
- ▶【類】**ポイ活**　たまりだすと、もうたまらなくなる。
- ▶【類】**就活**　「活」チェーンの元祖。後に婚活、終活、朝活、串カツなど、多くのフランチャイズを生む。
- ▶【類】**修行**　本来は高野山などで行うが、最近では航空機で行う。

価格転嫁

意味 > 胸を張って言える値上げ。

「聞こえますか――日本の人――!!
ガリガリ君の値上げくらいで
ガタガタ言うなバーカ!!」

いろいろなものがどんどん値上げされていく現象は、今に始まったことではありません。例えば、消費税が導入された年は、何でもかんでも値上げされていました。3％とか5％しか消費税はかかっていないはずなのに、なぜか10％や20％、それまでの価格に上乗せされてきたのです。「消費税が始まりましたので、値上げします」という理由が声高に叫ばれていました。この頃から日本では、何かしらのタイミングがあると皆一気に値上げする、というのを恒例のようにやっています。

　最近では、「価格転嫁」と言えば、原材料費、人件費、物流費などの上昇もあり、周りも納得するような雰囲気になってきました。「便乗値上げ」が批判されていた時代と比べると、隔世の感があります。

【 類義語・対義語 】

- ▶【類】**値上げ**　価格転嫁を下品に表現したもの。
- ▶【類】**便乗値上げ**　多くの企業がやっているが、公正取引委員会でも証拠をつかみにくい。
- ▶【類】**音を上げる**　耐えられず、声を立てる。
- ▶【類】**価格.com**　最低価格にすると、店はどっと混む。

定期購入

意味 ① 要らない時に届く仕組み。
② 毎年4月1日に、駅に行列ができるワケ。

「解約の仕方がわからないから、
　もう■しちゃうことにしたわ」

雑誌や新聞、健康食品といったBtoC商品が、定期購入の定番です。「Amazonの定期購入を1回でやめる」というあくどい消費者もいます。担当編集者Sさんです。「ものによっては15％くらい安くなるから、やっちゃう」とのことですが、そのうちAIがそういう行動を学習して、Sさんのアカウントから買う価格だけ高くなっている、なんてことが起こるかもしれません。

　サプリメントは定期購入の定番ですが、きちんと飲み続けられない人もおり、メルカリに大量に出品されています。飲み続けられなくて途中でやめてしまう人もいますし、復活する人もいます。サプリメントの定期購入復活が多いのは、年金支給日だそうです。

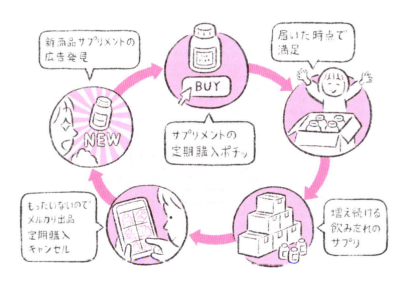

【 類義語・対義語 】

- ▶【類】**サブスク**　婦人服では成功しても、紳士服では失敗。コンタクトレンズでは成功しても、カミソリでは失敗。ビールサーバーでは成功しても、日本酒では失敗。
- ▶【類】**定額制**　2割のユーザーが8割のトラフィックを使う料金制度。

差別化

意味
① 他社と差がないといけないが、差がありすぎると、違いを見せる相手がいなくなる。
② 日経新聞では差別用語だとされ、「差異化」と表示された？

「大きいほうが、す・て・き♥」

自社のポジションを確立するために、意味のある違いを打ち出すことを言います。「うちの製品、差別化されてないじゃん」というふうに使われます。

差別化を突き進めて、おかしな方向に走っていった事例もたくさんあります。差別化が効果を発揮するのは、消費者が求めている効用がある範囲です。今まで市場にないものを闇雲に作ればいいわけではありません。

市場にまだないというのは、2つの理由が考えられます。1つは需要がまだ掘り起こされていないこと。こちらであれば、大ヒットになる余地があります。もう1つが、需要がないから誰も作っていないことです。誰も買わないから作らないし売らない、ということです。

ざんねんな差別化例

差別化例	ざんねんポイント
ターボ付き車椅子	速すぎて危険
ファミコン内蔵テレビ	テレビ画面の奪い合い
キヤノンの複合機「NAVI」	何でもできそうは、何もできない
ラジオ付きカメラ	カメラが重くなっただけ
透明なコーラ、紅茶	一見健康的。中身は変わらず
スーツのサブスク	若者を狙ったが、スーツ購買層の中年が契約
アップルの PDA「Newton」	性能の割に高すぎた
コカ・コーラ「New Coke」	味の変更への米国民の反発
Amazon のスマホ「Fire Phone」	カメラ4台搭載も、UI 弱く
富士通の親指シフトキーボード	打鍵速度では勝ったが、デファクトの QWERTY 配列には勝てず

【 類義語・対義語 】

▶【類】STP（Segmentation, Targeting, Positioning） 成功した製品・サービスをマスメディアに紹介する時に、後付けで設定されるマーケティングのフロー。

▶【類】ポジショニング なぜか競合がいない象限に位置付けられるが、そこにはニーズがないことも。

とらやの羊羹

> **意味** 謝罪の王様。重さ、知名度、高級感、適度な賞味期限が求められる。

「クライアントへの土下座は、**こう!!**」

148

謝罪の際に渡す手土産は、「ちょっと重い」のがミソです。ズシンと重い羊羹を渡すことで、「重く反省しています」ということを表現できるのです。昔のとらやの羊羹は、1万円札がちょうど入る大きさの木箱に入っていたという都市伝説も聞きます。

　グローバル企業がプレスリリースで謝罪をする場合、英語に翻訳できない言葉は日本語でも使わないほうがベターです。「世間をお騒がせしたことについて遺憾に思っている」という文章は、誠意があるように見えて何も謝っていないのです。英語圏では罪は認めないのがスタンダードですから、「遺憾」を謝罪的に訳すこともできない。こういうのはグローバルなプレスリリースでは意味がないのです。

【 類義語・対義語 】

- ▶【類】グレーのスーツ　謝罪用に一着は作っておく。
- ▶【類】「世間をお騒がせしたことは、誠に遺憾であります」　マスコミが騒がなければ、問題にならなかったのに。
- ▶【類】「誤解を与えたとしたら、深くお詫び致します」　誰も誤解などしていない時の常套句。
- ▶【類】「丁寧にご説明させていただきます」　変更する気は、毛頭ありません。
- ▶【類】私の不徳の致す所　私に非はないが…。

コスパ

> 意味　投入と見返りの割合であるが、日本の年金制度には適用されないことになっている。

「それじゃ最後の曲！
『ワシらの年金、コスパ最高！』
聴いてくれ！」

コスト・パフォーマンスという言葉は和製英語です。英語では、cost benefit（コスト・ベネフィット）と言います。

　大学生が、リモート授業を同時複数視聴して単位を剥奪される事件がありました。コスパ・タイパを追求した末路でしょう。授業を提供している側からすると、同時複数視聴されるくらい自分の授業には価値がないと考えると、悲しくなります。

　最近は、ドラマや映画も倍速で視聴したり、どうでもいい場面はスキップしたりする人もいます。日頃から2倍速でYouTubeを見ている人は、早口らしいです。ボケ防止に早口言葉が効くという説もあるので、脳の活性化のために、大人こそ倍速視聴をする必要があるかもしれません。

　コスパよく最終学歴を上書きしたい人には、学歴ロンダリングがあります。国立の独立大学院がコスパ良好。大学受験時には手が届かなかったブランドに、大学院でなら手が届くことがよくあるからです。有名大学の独立研究科が狙い目です。

かっこいい学歴を手に入れる方法

王道　他人の2倍の量勉強する
コスパ　他人の2倍速で勉強する
抜け道　学歴ロンダリング

【類義語・対義語】

- ▶【類】**タイパ**　浮かした時間で無駄なことをやること。
- ▶【類】**スタバ**　談話、パソコン作業、スマホチェック、勉強、読書だけでなく、コーヒーまで付いてくる空間。
- ▶【類】**スナバ**　鳥取砂丘。スタバも近くにある。

パワーカップル

> 意味 マンション購入時だけ大切にされる夫婦。

夫「貯金はゼロだけど」
妻「パワーなら、負けない！」

10年くらい前から聞くようになった言葉です。他の業界では、パワーカップルとは言わず、不動産のような、世帯単位で大きな金額の買い物をする業界で使われています。1人では買えないものでも、2人で力を合わせれば手が届きます、という言葉です。以前は、共働きとかDINKsといった言葉も使われていました。

　パワーカップルの生息域は、都内だと成城や田園調布という昔からある高級住宅街よりも、中央区、江東区、港区あたりで見かけるイメージがあります。都心へのアクセスがよく、海が近いところにあるタワーマンションに多いです。

　一方で、昔からある高級住宅街は、天災にあいにくいといわれています。昔から都がある京都や奈良でも、あまり地震が起きません。天文台がある地域も地震が来ないと言われています。天文台が揺れてしまうと、星を継続して観測できないからだそうです。

マーケティング

【 類義語・対義語 】

▶【類】バカップル　周りに人がいなければ、幸せなカップル。
▶【類】デカップリング　都合の悪いものは、切り離す。

キックオフ

意味 〉「蹴り」が始まる契機。

総務にメチャクチャ怒られる5秒前。

安いホテルの宴会場などを借りて、パーティーと称して従業員を集め、鉢巻を皆で締めて「エイエイオー！」とやるイメージです。はっきり言って、やっていることは昭和と同じです。「ゲキを飛ばせば営業成績は上がる」という思想に基づいている組織で行われることが多いです。

　昔、「蹴りを入れる」「蹴りが入る」という表現がありました。「新人が会社に早く帰ってくると蹴りが入る」というような使われ方をしていました。メタファーとしての蹴りであってほしいと願うばかりですが、会社によっては物理的な蹴りもあったかもしれません。

キックオフのあとに待っていること

名刺100枚くばり　　リスト全社テレアポ

ローラー作戦的営業　　自腹買取

【類義語・対義語】

- ▶【類】**ノーサイド**　「一旦戦った同士が、戦い終了後は仲良くすること」ができない政党や医学部などの組織でよく使われる。
- ▶【類】**サポーター**　若い頃は応援にいくが、年をとると援助される。
- ▶【類】**イエローカード**　セクハラした上司に投げかけるが、2枚で退場してくれればいいのに。

ストレッチ

> 意味　自分で伸ばせば気持ちいいが、上から与えられると不愉快。

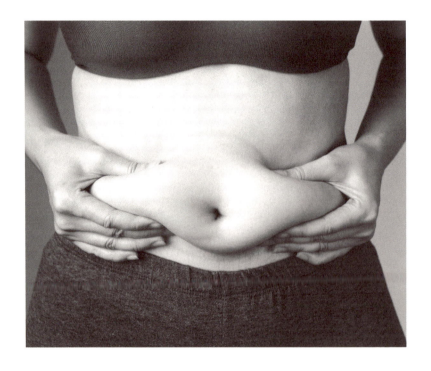

「チョー気持ちいい!」

控えめな予算（計画）をトップが容認できない時に、ノルマが引き上げられることを指します。
　予算のストレッチが起こるのは、自他ともに「この事業は有望だよな」と思っている事業に対してです。誰が見てもダメな事業に対して予算のストレッチは行われません。経営層が「もうちょっとこの事業伸びてほしい」と思い、事業部長は予算未達で自分の評価が下がることを防ぐために控えめな数字を出した状況が、典型的なストレッチチャンスです。
　ストレッチさせられた上で目標達成するのが一番美しいのは皆わかっているので、事業部長はストレッチの分も十分に予想して予算を作るわけです。
　ただし、過度のストレッチは酷いノルマと同義ですから、パワハラを綺麗な言葉に包んでいるだけ、というブラック企業も存在するかもしれません。

マーケティング

【 類義語・対義語 】

▶【類】**ストレッチ店**　知らないうちに増えて、知らないうちに減った店。ビジネスとして、ストレッチできなかった。

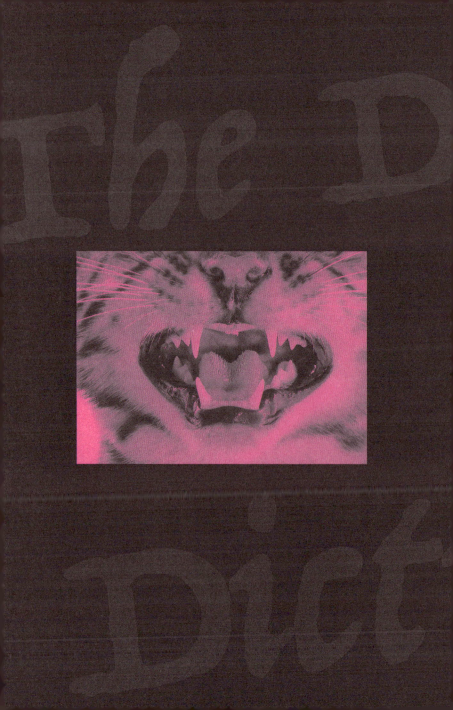

Accounting & Finance

アカウンティング・ファイナンス

NPV

> **意味**
> ① 新事業提案では、通常わずかに
>   プラスになるように設定される。
> ②「朝三暮四」の猿でさえ、
>   朝四つ貰うほうを選んだ。猿は賢い。

「せめてワシが生きてる間に
黒字化する計画を持って来んかい
アホタレ」

投資の判断をする際に使われる数字です。「NPV（Net Present Value）＝投資によって将来的に得られる価値―投資額」で求めます。プラスになれば将来的に儲かる、マイナスになるなら将来的に損をするということです。詳しく知りたい方は、ファイナンスや管理会計の本を読んでみてください。

新規事業の計画書では、NPVは必ずプラスになっています。NPVがプラスだから、投資に勝算があり、意思決定の場に投資の案件が出される、というよりは、新規事業を社内で通すために、投資が回収できると説得する材料としてNPVが使われている、というのが実態です。10年後にその事業が絶対儲かっているかなど、本当のところは誰も分からないでしょう。でもNPVは、いつだってプラスです。

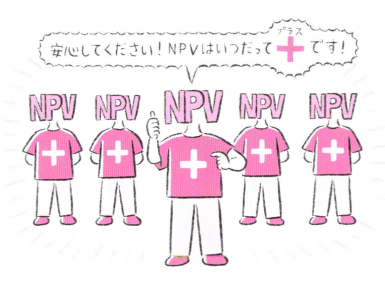

【 類義語・対義語 】

- ▶【類】IRR（Internal Rate of Return）　率で示すより、額で示したほうが腹落ちしやすいので、NPVには勝てない。
- ▶【類】回収期間法　理論的には正しい投資の判断には使えないが、腹落ち度ランキングでは常に1位。

インボイス

> 意味
> ① 表向き、増税策とは気づかなかったが、税収効果大の財務省のヒット商品。
> ② 企業が、切りたいフリーランスに求める「踏み絵」。

政府

国民

フリーランス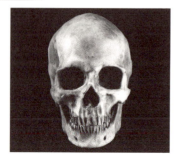

インボイス制度が始まり、取引先が消費税を払っていない場合、自分のところで相手の分の消費税まで払わないといけないようになりました。
　消費税は今10％ですから、元請けが大企業だとしても負担は大きいです。そうなると、「インボイスの登録をしている人でないと仕事をお願いできない」という会社が増えていくのも想像に難くないです。契約を切られてしまうと生活が成り立たなくなるような、小規模事業者からも消費税をとる仕組みです。
　自分が提供しているサービスや商品に自信があれば、「インボイスに登録しないと取引しない？　だったらおたくとは取引しません」と断ればいいのでしょうけれど、実際そんなことはできません。税金を圧力をかけて払わせる。財務省の近年最大のヒット商品といっても過言ではないでしょう。

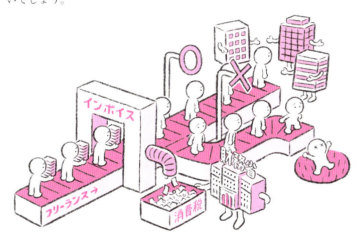

【 類義語・対義語 】

- ▶【類】フリーランス　「個人事業主」は手続きをしないとなれないが、「フリーランス」は名乗るだけでなれる。
- ▶【類】領収書　ビジネスパーソンにとっては、キャッシュバックの原資。アフリカに出張中の社員も、現地で求める。
- ▶【類】副業　福業になる人は一握り。大多数は伏業。
- ▶【類】個人事業主　マッチング・アプリ上の肩書は「社長」。

オンバランス／オフバランス

| 意味 | 政治資金収支報告書に記載するものはオンバランス、裏金はオフバランス。 |

面倒だから
埋めちゃえ！

オフバランスとは、資産や取引について、貸借対照表に載せないことを言います。反対にオンバランスとは、載せることです。バランスとは貸借対照表のことを表しています。資産計上という日本語もありますが、ちょっと洒落た人は、「オフバランスがどうのこうの」という言い方をします。金融系の人は、オンバラ・オフバラと言ったりします。

　会計由来の言葉シリーズだと「往って来い」という言葉もあります。差し引きが一緒になることを言います。営業の現場で「いってこい」というと、差し引きトントンを表すこともありますが、本当に「行ってこい（You should go.）」という場合もあります。

　コンサルやリクルート由来の用語に比べると、会計由来の言葉は、ポピュラーではありません。ビジネスの数字をもとにできた慣用表現ですから、ある程度用語を理解する場にいないと使いこなせないのかもしれません。

「いってこい」のフローチャート

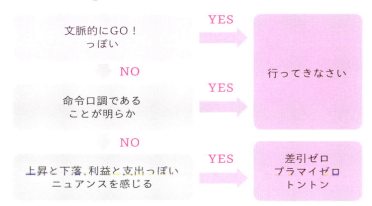

【 類義語・対義語 】

▶【類】IFRS（International Financial Reporting Standards）　これを「イファース」と読んでしまうのが、日本人のすごさ。
▶【類】いってこい　命令しているようだが、差し引き一緒。

新NISA

| 意味 | 株が下がった時に、政府の施策の是非より、自分の懐に関心がいくようにした国の施策。 |

「ママ、私のお年玉を貯めてる通帳、見せて」

十分に金融教育を受けていない人たちに、危険な橋を渡らせる仕組み。リスクとリターンがきっちりわかっている人が、NISAを使って株式投資を始めたほうが安全です。

　投資をギャンブルではなく、資産形成として行うには、リスクを分散させることが重要です。昔、「世界の通貨を発行量に応じて持っているといい」と、著名人が言っていました。第3次世界大戦が起こって、世界が潰れない限りは、どこかしらの国の通貨がバランスを取ってくれる、最強の分散投資です。

「コンサルを頼んできた会社の株を、コンサルを始めるタイミングで買って、終わるタイミングで売れば、確実に儲かる」という有名な話があります。コンサルの過程で、その会社の危うい面が見えてきて、この会社の株は買えないと思ってしまうのですが、大体株価は上がっているのです。

アカウンティング・ファイナンス

【 類義語・対義語 】

▶【類】iDeCo　自分で老後を賄えというお達しに基づく「自助」制度。新NISAとの区別がつかない人は手出し無用。

167

意味 ① 財務広告。
② 大阪で賭けに出ること。

「株で儲けた分が、
IRでぜんぶ消えちゃった」

IR（Investor Relations）とは、企業が株主や投資家に向けて、投資の判断に必要な情報を提供していく活動全般を指します。財務データと非財務データの両方を投資家に伝える企業紹介が統合報告書です。印刷すると分厚い書類になります。作ることが法律によって義務付けられているものではないので、監査を受ける必要はなく、自由に書いていいことになっています。

　投資の判断材料をお探しの方は、東洋経済新報社が出している『会社四季報』がおすすめです。株の値動きとか業績予想とか、投資に必要な情報がコンパクトにまとまっていますからね（これはIRではなくPRでもなく、広告です）。

　広報と広告（宣伝）は、混同されがちです。広報はPublic Relations、広告はAdvertisementです。前者は費用をかけずにメディア露出を狙うもの、後者は有料でメディア枠を買い、情報発信する活動です。広告することを「PRする」と言う人は、たいてい広告初心者です。

【 類義語・対義語 】

▶【類】統合報告書　財務情報だけでは足りないと言われ、頁数を増やした書類。よくできたものは日本経済新聞社から表彰される。

ROIC

| 意味 | ROE、ROA、EVAに懲りず、経営者がどこからか仕入れてきて、現場を混乱させる経営指標。 |

「下らぬ！ それがわかったとて、
どれだけ儲かると言うのじゃ
愚か者め！」

ROICとは、企業が投資した事業が、どれだけ効率的に利益を生み出したかを示す指標のことで、Return On Invested Capitalの略です。日本語では、投下資本利益率と訳されることが多いです。

　財務分析手法の1つですから、投資をしている人、財務・経理部門に関わっている人がよく聞く言葉だと思います。貸借対照表と損益計算書の違いもよくわからない人が使う言葉ではないでしょう。ROICに似たような概念として、ROE、ROA、EVAなどが挙げられます。

　少し前は、EVAという指標がもてはやされたのですが、今は会計感度の高い人たちは「ROIC！ROIC！」と言っています。財務指標は、総じて難しそうな見た目で、普遍的なことを言っているような顔をしていますが、多くのビジネス用語と同じように、流行り廃りがあるものです。「数字とか計算式で表されたら科学的で、絶対的なのだ！」などとは思わず、自社に合ったモノサシを選べば良いと思います。

アカウンティング・ファイナンス

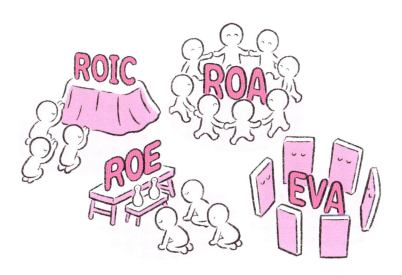

【 類義語・対義語 】

▶【類】EVA（Economic Value Added）　せっかく登録商標したのに、デファクトにならなかった。

171

パスワード

> **意味** ① 忘れるリスク＞盗まれるリスク。
> ② 3回間違えると、言葉を失う。

ご主人のパスワードが先代ネコの名前だった

会社から従業員に伝える全社パスワードは、びっくりするほどわかりやすいものだったりします。会社名の子音だけ取り出したものや、当て字、会社の創立年月日など、その会社のことを少しでも知っていたら思い当たるようなものが多いです。

　重要なパスワードこそ、テレビの横に貼ったり、冷蔵庫の側面に貼りつけておいたりするのがおすすめです。これは、適当なことを言っているのではなくて、駅長室の教えから導かれた結論です。

　駅長室って見たことありますか？　事故が起こった時のフローチャート、緊急事態が発生した時に必要な情報は、壁に貼ってあるのです。まずどこに連絡するか、電話番号まで書いてあることもあります。

　これが正しいと思うのは、いざという時、必要な情報を探せないからです。どこにあるのかないのかわからない情報を、緊急事態で探していたら手遅れになるかもしれません。1分1秒を争うようなタイミングで、情報を探している時間などないのです。大事な情報はいつでも貼ってあるべきなのです（と、やや強引な結論でした）。

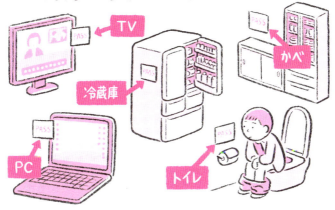

【 類義語・対義語 】

▶【類】バズワード（Buzzword）　『ビジネス版 悪魔の辞典』の貴重な仕入先。
▶【類】ピコワード　ブラザー工業のワープロ。

間違っているかも
しれない社名

誤	
キャノン	
富士フィルム	
セブン・イレブン・ジャパン	
サイゼリア	
ニッカウイスキー	
キューピー	
ブリジストン	
日本コロンビア	
ジョンソン・アンド・ジョンソン	
東洋経済新聞社	
ソニー・コンピューターエンターテイメント	
サーティーワン	
日本トイザラス	
ブルドッグソース	
ドンキホーテ	
シャチハタ	
野村証券	
吉野家	
エスビー食品	
総合警備保障	
バーミアン	

正
キヤノン
富士フイルム
セブン-イレブン・ジャパン
サイゼリヤ
ニッカウヰスキー
キユーピー
ブリヂストン
日本コロムビア
ジョンソン・エンド・ジョンソン
東洋経済新報社
ソニー・インタラクティブエンタテインメント
バスキン・ロビンス
日本トイザらス
ブルドックソース
ドン・キホーテ（パン・パシフィック・インターナショナルホールディングス）
シヤチハタ
野村證券
吉野家
エスビー食品
綜合警備保障（ALSOK）
バーミヤン

おわりに

冒頭にも書きましたが、本書はその時々の時代背景を織り込みながらも、PDCA（本書16頁）を回しながら、様々な改善を加えてきました。

本書に掲載されている言葉は、大きく２つに分けられます。悪魔の言葉と小悪魔の言葉です。

悪魔の言葉は、ビジネスの現場で知らないでいると本当に痛い目にあいます。例えば、最近イニシアティブ（本書118頁）という言葉が、業種を問わず、色々な場所で使われるようになっています。本書で解説したように、真実の意味は「自分以外の誰かを責任者に仕立て上げるために使う言葉」なのです。この意味を知らないで、リーダーからプロジェクトを任されたと喜んでいると、気が付いた時には失敗の責任を負わされることになるでしょう。

一方、小悪魔の言葉は、その本当の意味を知ると、アイスブレイクに使える役立つ言葉です。148頁のとらやの羊羹を、謝罪の場所でサラッと渡せると、相手がニヤッとして許してくれるだけではなく、デキるビジネスパーソンと思われること間違いなしです（担当編集者が実証済みです）。

本書には「知らないと怖い目にあう悪魔のような言葉」と「知っていると、アイスブレイクに使える小悪魔のような言葉」が載っています。

その視点でもう一度読み直してもらえると、この本もその力を存分に

発揮することができるでしょう。

　このコンセプトは、前作と同様ですが、本書では装いも新たに、写真やイラストもふんだんに取り入れました。今回の新しい試みに対する、読者の皆様の声を寄せて戴ければ幸いです。

編集部

＊　＊　＊

　本書を執筆するにあたり、昭和の時代を共有する渡辺康夫さん、島隆昭さん、遠藤真さん、黒岩健一郎さん、田中大貴さん、宇高育男さんには、各々の専門分野からの多くのアイデアを戴きました。また原稿の執筆に関しては、毎回"超特急"ばかりお願いした秋山直子さんのお力なくして、本書は完成できませんでした。ここに記して御礼申し上げます。

　本文に何回も登場して戴いた東洋経済新報社のSさんには、いつも締切りより早く提出する筆者の原稿に対して、嫌な顔ひとつされず（実際は見ていませんが）、若者の視点から次々とダメ出しをされ、それが本書の原動力になったことは間違いありません（と思われます）。

　ここまで読んで戴いた読者の皆様、本当にありがとうございます。本書が皆様の仕事の場で役立つことを願っております。

　最後に、本書の担当編集者に言われた言葉で締めくくりたいと思います。

またの機会にぜひ！（本書82頁）

著者

索 引
Index

【あ行】

アイミツ ・・・・・・・・・・・・・・・・・・・・・・・・ 134
アカウンティング ・・・・・・・・・・・・・・・ 159
アクセラレーター ・・・・・・・・・・・・・・・・ 81
あさイチ ・・・・・・・・・・・・・・・・・・・・・・・・・ 79
アサイン ・・・・・・・・・・・・・・・・・・・・・・・・・ 28
アジェンダ ・・・・・・・・・・・・・・・・・・・・・・ 74
アジャイル ・・・・・・・・・・・・・・・・・・・・・・ 10
当て馬 ・・・・・・・・・・・・・・・・・・・・・・・・・・ 135
アドバイザリーボード ・・・・・・・・・・ 90
イエローカード ・・・・・・・・・・・・・・・・・ 155
イシュー ・・・・・・・・・・・・・・・・・・・・・・・・・ 18
意趣返し ・・・・・・・・・・・・・・・・・・・・・・・・・ 19
一期一会 ・・・・・・・・・・・・・・・・・・・・・・・ 123
一度言ったよね ・・・・・・・・・・・・・・・・・ 33
一身上の都合 ・・・・・・・・・・・・・・・・・・・ 61
一丁目一番地 ・・・・・・・・・・・・・・・・・・・ 122
イニシアティブ ・・・・・・・・・・・・・・・・・ 118
イマイマ ・・・・・・・・・・・・・・・・・・・・・・・・・ 78
刷り・・・・・・・・・・・・・・・・・・・・・・・ 31
インキュベーション ・・・・・・・・・・・・ 109
インバウンド ・・・・・・・・・・・・・・・・・・・ 138
インボイス ・・・・・・・・・・・・・・・・・・・・・・ 162
ウエルカム・オン・ボード ・・・・・・・ 91
エビデンス ・・・・・・・・・・・・・・・・・・・・・・ 92
エレベータートーク ・・・・・・・・・・・・ 136
エロマンガ島 ・・・・・・・・・・・・・・・・・・・ 12
押印 ・・・・・・・・・・・・・・・・・・・・・・・・・・・・・ 31

おおむね ・・・・・・・・・・・・・・・・・・・・・・・・ 15
オーガニック・グロース ・・・・・・・・ 99
オフバランス ・・・・・・・・・・・・・・・・・・・ 164
折に触れる ・・・・・・・・・・・・・・・・・・・・・・ 49
オンバランス ・・・・・・・・・・・・・・・・・・・ 164
オンライン会議 ・・・・・・・・・・・・・・・・・ 57

【か行】

回収期間法 ・・・・・・・・・・・・・・・・・・・・・ 161
外部調査委員会 ・・・・・・・・・・・・・・・・・ 115
価格転嫁 ・・・・・・・・・・・・・・・・・・・・・・・ 142
価格.com ・・・・・・・・・・・・・・・・・・・・・・・ 143
霞が関 ・・・・・・・・・・・・・・・・・・・・・・・・・・ 12
肩叩き ・・・・・・・・・・・・・・・・・・・・・・・・・・ 61
肩に触れる ・・・・・・・・・・・・・・・・・・・・・・ 49
カーナビ・トーク ・・・・・・・・・・・・・・・ 137
カニバらない ・・・・・・・・・・・・・・・・・・・ 95
カニバリゼーション ・・・・・・・・・・・・ 94
カニバる ・・・・・・・・・・・・・・・・・・・・・・・・ 95
兜町 ・・・・・・・・・・・・・・・・・・・・・・・・・・・・・ 13
監査等委員会 ・・・・・・・・・・・・・・・・・・・ 110
関ペ ・・・・・・・・・・・・・・・・・・・・・・・・・・・・ 125
カンペ ・・・・・・・・・・・・・・・・・・・・・・・・・・ 124
肝要 ・・・・・・・・・・・・・・・・・・・・・・・・・・・・ 123
関連多角化 ・・・・・・・・・・・・・・・・・・・・・・ 97
議事録 ・・・・・・・・・・・・・・・・・・・・・・・・・・ 75
北浜 ・・・・・・・・・・・・・・・・・・・・・・・・・・・・・ 13
貴重なご意見、ありがとうございます
・・・・・・・・・・・・・・・・・・・・・・・・・・・・・・・・・ 83
キックオフ ・・・・・・・・・・・・・・・・・・・・・ 154
教育訓練給付制度 ・・・・・・・・・・・・・・・ 43
競争入札 ・・・・・・・・・・・・・・・・・・・・・・・ 135
キンキン ・・・・・・・・・・・・・・・・・・・・・・・・ 79
琴線に触れる ・・・・・・・・・・・・・・・・・・・ 49

178

金融リテラシー ・・・・・・・・・・・・・・・ 45
苦渋の決断 ・・・・・・・・・・・・・・・・・129
口紅 ・・・・・・・・・・・・・・・・・・・・・ 30
クリティカル・シンキング ・・・・・・・21
グレシャムの法則 ・・・・・・・・・・・・・127
グレーのスーツ ・・・・・・・・・・・・・・・149
グローバルな視点 ・・・・・・・・・・・・・117
計画のグレシャムの法則 ・・・・・・・126
ケイパビリティ ・・・・・・・・・・・・・・・ 45
逆鱗に触れる ・・・・・・・・・・・・・・・・ 48
現場力 ・・・・・・・・・・・・・・・・・・・・ 84
コアタイム ・・・・・・・・・・・・・・・・・ 53
公務員 ・・・・・・・・・・・・・・・・・・・・ 50
誤解を与えたとしたら、
　　深くお詫び致します ・・・・・・・・・・149
国民的視点 ・・・・・・・・・・・・・・・・・117
午後休 ・・・・・・・・・・・・・・・・・・・・ 53
個人事業主 ・・・・・・・・・・・・・・・・・163
コスパ ・・・・・・・・・・・・・・・・・・・・150
午前休 ・・・・・・・・・・・・・・・・・・・・ 53
コーポレート・ベンチャー ・・・・・109
ころび方改革 ・・・・・・・・・・・・・・・・ 63
コンティンジェンシープラン ・・・・ 25
コンフォート・ゾーン ・・・・・・・・・・・ 51

【さ行】

在宅勤務 ・・・・・・・・・・・・・・・・・・ 56
裁量労働制 ・・・・・・・・・・・・・・・・・ 53
桜田門 ・・・・・・・・・・・・・・・・・・・・ 13
サッチモ ・・・・・・・・・・・・・・・・・・・101
サッチャー ・・・・・・・・・・・・・・・・・101
サブスク ・・・・・・・・・・・・・・・・・・・145
差別化 ・・・・・・・・・・・・・・・・・・・・146
サポーター ・・・・・・・・・・・・・・・・・155

三角ベース ・・・・・・・・・・・・・・・・・ 87
三楽オーシャン ・・・・・・・・・・・・・・・105
事業承継 ・・・・・・・・・・・・・・・・・・・112
時短勤務 ・・・・・・・・・・・・・・・・・・・ 53
質問力 ・・・・・・・・・・・・・・・・・・・・ 85
シナジー ・・・・・・・・・・・・・・・・・・・ 96
シナジー効果 ・・・・・・・・・・・・・・・・ 97
シナジードリンク ・・・・・・・・・・・・・ 97
辞表 ・・・・・・・・・・・・・・・・・・・・・ 60
渋谷 ・・・・・・・・・・・・・・・・・・・・・ 13
指名委員会等設置会社 ・・・・・・・・・・・ 111
社会人大学院 ・・・・・・・・・・・・・・・・ 43
ジャストアイデア ・・・・・・・・・・・・・ 76
社長直轄組織 ・・・・・・・・・・・・・・・・115
社内ベンチャー ・・・・・・・・・・・・・・・108
就活 ・・・・・・・・・・・・・・・・・・・・・141
住民税 ・・・・・・・・・・・・・・・・・・・・ 65
重要性と緊急性 ・・・・・・・・・・・・・・・127
修行 ・・・・・・・・・・・・・・・・・・・・・141
ジュニア ・・・・・・・・・・・・・・・・・・・113
朱肉 ・・・・・・・・・・・・・・・・・・・・・ 30
朱を入れる ・・・・・・・・・・・・・・・・・ 31
昇格 ・・・・・・・・・・・・・・・・・・・・・ 36
正直ベース ・・・・・・・・・・・・・・・・・ 86
昇進 ・・・・・・・・・・・・・・・・・・・・・ 37
女性の視点 ・・・・・・・・・・・・・・・・・117
ジョブ型採用 ・・・・・・・・・・・・・・・・ 55
ジョブ・ローテーション ・・・・・・・・・ 59
地雷を踏む ・・・・・・・・・・・・・・・・・ 49
シルバーシート（優先席）・・・・・・・123
仁義をきる ・・・・・・・・・・・・・・・・・ 75
人事異動 ・・・・・・・・・・・・・・・・・・・ 58
新NISA ・・・・・・・・・・・・・・・・・・・166
新橋 ・・・・・・・・・・・・・・・・・・・・・ 13

179

随意契約 · 135
数量ベース · · · · · · · · · · · · · · · · · · · 87
スタートアップ · · · · · · · · · · · · · · · 98
スタバ · 151
ストック・オプション · · · · · · · · · 65
ストラテジー · · · · · · · · · · · · · · · · · 89
ストレッチ · · · · · · · · · · · · · · · · · · · 156
ストレッチ店 · · · · · · · · · · · · · · · · · 157
スマホ · 41
生活者の視点 · · · · · · · · · · · · · · · · · 116
成功事例を持ってこい · · · · · · · · · · 93
政治家 · · · · · · · · · · · · · · · · · · 50,122
青天の霹靂 · · · · · · · · · · · · · · · · · · · 91
世間をお騒がせしたことは、
　誠に遺憾であります · · · · · · · · · · · 149
是々非々 · 11
ゼロゼロ · 79
ゼロベース · · · · · · · · · · · · · · · · · · · 87
前号に付帯する一切の事業 · · · · · · 111
セント・フォース · · · · · · · · · · · · · 115
戦略的 · 129
戦略的撤退 · · · · · · · · · · · · · · · · · · · 128
総合的 · 129
卒業 · 61

【た行】

第三者委員会 · · · · · · · · · · · · · · · · · 114
退職代行 · 61
退職届 · 61
代替案 · 25
タイパ · 151
ダイバーシティ · · · · · · · · · · · · · · · 68
代表電話 · 40
タスクフォース · · · · · · · · · · · · · · · 115

叩き台 · 77
ダッシュボード · · · · · · · · · · · · · · · 91
誰がボールを持っている？ · · · · · · 119
談合 · 135
短時間勤務（時短勤務） · · · · · 53
単身赴任 · 59
チャイニーズ・ウォール · · · · · · · 139
中小企業 · 99
朝令暮改 · · · · · · · · · · · · · · · · · · · 10,11
直通電話 · 41
直訪 · 55
直行 · 55
ちょっと飲みに行こう · · · · · · · · · 33
定額制 · 145
定期購入 · 144
ディシジョン・ツリー · · · · · · · · · 15
丁寧にご説明させていただきます · 149
デカップリング · · · · · · · · · · · · · · · 153
手入力 · 85
出戻り採用 · · · · · · · · · · · · · · · · · · · 55
テレフォン・トーク · · · · · · · · · · · 137
統合報告書 · · · · · · · · · · · · · · · · · · · 169
特例子会社 · · · · · · · · · · · · · · · · · · · 69
土下座 · · · · · · · · · · · · · · · · 16,50,148
道修町 · 13
トップライン · · · · · · · · · · · · · · · · · 99
とらやの羊羹 · · · · · · · · · · · · · 46,140

【な行】

内線電話 · 41
永田町 · 13
捺印 · 31
なるはや · 79
握る · 119

ニッチ戦略 ・・・・・・・・・・・・・・・・・ 101
ニッチもサッチもいかない ・・・・・・ 100
ニッチャー ・・・・・・・・・・・・・・・・・ 101
日ペ ・・・・・・・・・・・・・・・・・・・・・125
忍者 ・・・・・・・・・・・・・・・・・・・・・ 78
値上げ ・・・・・・・・・・・・・・・・・・・143
ネクタイ ・・・・・・・・・・・・・・・・・・ 57
ネゴシエーション ・・・・・・・・・・・・・ 73
ネゴシエーター ・・・・・・・・・・・・・・ 81
音を上げる ・・・・・・・・・・・・・・・・・143
年俸制 ・・・・・・・・・・・・・・・・・・・ 64
ノーサイド ・・・・・・・・・・・・・・・・・155
ノー残業デー ・・・・・・・・・・・・・・・ 47
のびしろ ・・・・・・・・・・・・・・・・・・ 39
のりしろ ・・・・・・・・・・・・・・・・・・ 39

【は行】

バカップル ・・・・・・・・・・・・・・・・・153
バズワード ・・・・・・・・・・・・・・・・・173
パスワード ・・・・・・・・・・・・・・・・・172
働き方改革 ・・・・・・・・・・・・・・・・・ 62
パーパス ・・・・・・・・・・・・・・・・・・102
パーパス経営 ・・・・・・・・・・・・・・・・103
バリバリ ・・・・・・・・・・・・・・・・・・ 95
パワーカップル ・・・・・・・・・・・・・・152
番頭 ・・・・・・・・・・・・・・・・・・・・・113
非関連多角化 ・・・・・・・・・・・・・・・ 97
ピコワード ・・・・・・・・・・・・・・・・・173
ビジネス・フレームワーク ・・・・・・・7.9
ビルボード ・・・・・・・・・・・・・・・・・ 91
便乗値上げ ・・・・・・・・・・・・・・・・・143
ファイナンス ・・・・・・・・・・・・・・・・159
ファシリテーター ・・・・・・・・・・・・・ 80
ファミリービジネス ・・・・・・・・・・・・113

ブイヤベース ・・・・・・・・・・・・・・・・ 87
フォロワー数 ・・・・・・・・・・・・・・・・ 93
副業 ・・・・・・・・・・・・・・・・・・・・・163
部長 ・・・・・・・・・・・・・・・16,36,60,62
ブラッシュアップ ・・・・・・・・・・・・・ 22
ブラッシュアップライフ ・・・・・・・・・ 23
プランB ・・・・・・・・・・・・・・・・・・ 24
フリーアドレス ・・・・・・・・・・・・・・ 57
フリーランス ・・・・・・・・・・・・163
ブルーオーシャン ・・・・・・・・・・・・・104
フレックスタイム ・・・・・・・・・・・・・ 52
ブレーン・ストーミング ・・・・・・・・・ 77
プロフェッショナル経営者 ・・・・・・・ 111
プロンプター ・・・・・・・・・・・・・・・・125
ポイ活 ・・・・・・・・・・・・・・・・・・・141
ポイント ・・・・・・・・・・・・・・・・・・ 141
法に触れる ・・・・・・・・・・・・・・・・・ 49
ポケトーク ・・・・・・・・・・・・・・・・・137
ポジショニング ・・・・・・・・・・・・・・147
ボードに入る ・・・・・・・・・・・・・・・ 91
ホワイトスペース ・・・・・・・・・・・・・105
本丸 ・・・・・・・・・・・・・・・・・・・・・123

【ま行】

マイレージ ・・・・・・・・・・・・・・・・・140
マーケティング ・・・・・・・・・・・・・・133
マシマシ ・・・・・・・・・・・・・・・・・・ 70
またの機会にぜひ ・・・・・・・・・・・・・ 82
マトリックス ・・・・・・・・・・・・・・・ 9
ミッション ・・・・・・・・・・・・・・・・・103
ミッション:インポッシブル ・・・・・・103
ミッション・クリティカル ・・・・・・・103
ミッション系 ・・・・・・・・・・・・・・・・103
民泊 ・・・・・・・・・・・・・・・・・・・・・139

181

無限の可能性 ・・・・・・・・・・・・・・・・・ 38
メンター ・・・・・・・・・・・・・・・・・・・・・ 32
メントール ・・・・・・・・・・・・・・・・・・ 33

【や行】

夜間MBA ・・・・・・・・・・・・・・・・・・ 43
役所の委員会 ・・・・・・・・・・・・・・・ 115
休み方改革 ・・・・・・・・・・・・・・・・・ 63
優先順位 ・・・・・・・・・・・・・・・・・・・ 123
優先席 ・・・・・・・・・・・・・・・・・・・・・ 123
ユニコーン ・・・・・・・・・・・・・・・・・ 107
ユニコーン企業 ・・・・・・・・・・・・・ 106

【ら行】

ラップアップ ・・・・・・・・・・・・・・・・ 75
リスキリング ・・・・・・・・・・・・・・・・ 42
リスクアペタイト ・・・・・・・・・・・・ 121
リスクヘッジ ・・・・・・・・・・・・・・・ 120
リーダーの仮面 ・・・・・・・・・・・・・ 37
リテラシー ・・・・・・・・・・・・・・・・・ 44
リファラル採用 ・・・・・・・・・・・・・ 54
領収書 ・・・・・・・・・・・・・・・・・・・・ 163
リリース ・・・・・・・・・・・・・・・・・・・ 29
レジリエンス ・・・・・・・・・・・・・・・ 99
レッドオーシャン ・・・・・・・・・・・ 105
ロジカル・シンキング ・・・・・・・・ 20
ロジック・ツリー ・・・・・・・・・・・・ 15

【わ行】

ワークライフバランス ・・・・・・・・ 46
私の不徳の致す所 ・・・・・・・・・・・ 149
稚内支店 ・・・・・・・・・・・・・・・・・・ 117
ワン×× ・・・・・・・・・・・・・・・・・ 35
ワン・オン・ワン・ミーティング ・・・・ 34

ワン・ツー ・・・・・・・・・・・・・・・・・・ 35
ワン・ツー・スリー ・・・・・・・・・・・・ 35

【A〜Z】

Beef or Chicken ・・・・・・・・・・・・・ 67
BYOD ・・・・・・・・・・・・・・・・・・・・・・ 55
Comply or Explain ・・・・・・・・・・・ 67
CV ・・・・・・・・・・・・・・・・・・・・・・・・ 99
DE&I ・・・・・・・・・・・・・・・・・・・・・・ 69
EVA ・・・・・・・・・・・・・・・・・・・・・・ 171
iDeCo ・・・・・・・・・・・・・・・・・・・・・ 167
IFRS ・・・・・・・・・・・・・・・・・・・・・ 165
IPO ・・・・・・・・・・・・・・・・・・・・・・・ 99
IR ・・・・・・・・・・・・・・・・・・・・・・・・ 168
IRR ・・・・・・・・・・・・・・・・・・・・・・ 161
ITリテラシー ・・・・・・・・・・・・・・・ 45
MECE ・・・・・・・・・・・・・・・・・・・・・ 14
NPV ・・・・・・・・・・・・・・・・・・・・・・ 160
PDCA ・・・・・・・・・・・・・・・・・・・・・ 16
Plan-Do-See ・・・・・・・・・・・・・・・ 17
ROIC ・・・・・・・・・・・・・・・・・・・・・ 170
STP ・・・・・・・・・・・・・・・・・・・・・・ 147
SWAT ・・・・・・・・・・・・・・・・・・・・・ 9
SWOT ・・・・・・・・・・・・・・・・・・・・・ 8
UP or OUT ・・・・・・・・・・・・・・・・・ 66
Voice or Exit ・・・・・・・・・・・・・・・ 67

【著者紹介】
山田英夫（やまだ　ひでお）
早稲田大学ビジネススクール教授。1955年東京都生まれ。慶應義塾大学大学院経営管理研究科修了（MBA）。三菱総合研究所にて経営コンサルティングに従事後、早稲田大学に転じる。博士（学術）。専門は競争戦略、ビジネスモデル。製薬、電機、金融、食品企業の社外監査役・社外取締役を歴任。著書に『ビジネス版 悪魔の辞典』『競争しない競争戦略 改訂版』『異業種に学ぶビジネスモデル』『カニバリゼーション』『逆転の競争戦略 第5版』など。

図解 ビジネス版 悪魔の辞典
ビジネス用語の黒い真実

2025 年 4 月 29 日発行

著　　者——山田英夫
発行者——山田徹也
発行所——東洋経済新報社
　　　　　〒103-8345　東京都中央区日本橋本石町 1-2-1
　　　　　電話＝東洋経済コールセンター　03(6386)1040
　　　　　https://toyokeizai.net/
ブックデザイン・DTP……小林祐司
イラスト………………………白井　匠
印刷・製本………………丸井工文社
編集担当…………………齋藤弘子
©2025 Yamada Hideo　　Printed in Japan　　ISBN 978-4-492-04790-3

　本書のコピー、スキャン、デジタル化等の無断複製は、著作権法上での例外である私的利用を除き禁じられています。本書を代行業者等の第三者に依頼してコピー、スキャンやデジタル化することは、たとえ個人や家庭内での利用であっても一切認められておりません。
　落丁・乱丁本はお取替えいたします。